男人 30歲後的規則 你懂了沒

不是 20 歲毛頭小子，也不是 40 歲年上大叔，
30 歲就該用 30 歲的眼光看世界！

「三十而立」是要立什麼？怎麼立？

從男生變成三開頭的男人，所謂的成熟男人都是怎麼活的？

- 自信：敢在一群人面前說話的鎮定從容
- 自我定位：職涯該繼續向上還是轉換跑道之抉擇
- 幽默：像馬克．吐溫一般展現智慧又樂觀的態度

林庭峰，肖勝平 ——著

從得體優雅的著裝到穩重自信的內在，
本書教你擴大格局、充實自我，擁有「精品男人」的魅力！

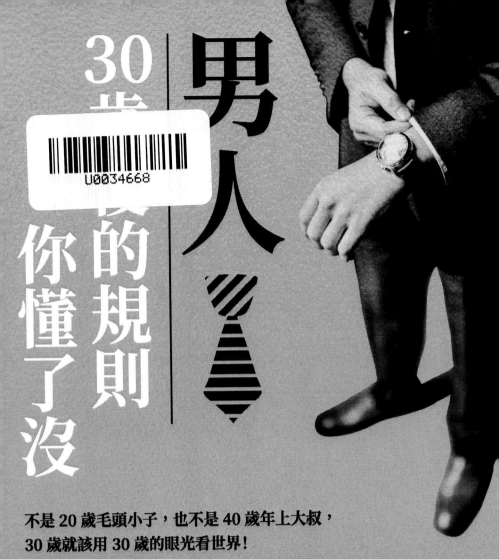

目錄

前言

第一章　美好人生需要設計規劃

事業是男人永遠的追求……18
敢問三十歲的路在何方……20
把最好的鋼用在刀口上……23
找到你事業缺點之所在……27
大丈夫欲謀事先謀勢……29
達到目標前需做的計畫……33
人的一生最怕格局太小……35

第二章　剛柔相濟、胸襟寬廣的性格

剛柔互用，不可偏廢……42
不可有傲氣，不能無傲骨……45
平凡無所謂，平庸要拒絕……48
男人的胸懷是委屈撐大的……50
好男人咬緊牙關不喊難……52
不要生氣，一定要爭氣……54
常懷感恩心，走路自然平……56
三十歲時不必在乎的事……60
發人深省的幾則小幽默……63

第三章　腳踏實地、穩重行事的風格

靜若處子，動如脫兔……68
說到做到，不放空炮……69
心無旁鶩，專心專注……72
一磚一瓦，疊成成功……75
行止有度，循序而動……77
不要幼稚地意氣用事……80
時常檢討自己做得如何……84
強烈的責任心使人卓越……90

第四章　多結交一些良師益友

有沒有「關係」大有關係……96
帶給你的不只是看得見的……98

努力結交卓越之士……101
落難英雄是個寶……103
識英雄於微時……104
敞開胸懷擁抱「畏友」……108
交友之道……109

第五章　精品男人的風度美

首先要是一個自信的人……114
提高自己的文化品味……118
精神飽滿，生氣勃勃……122
彬彬有禮，優雅有加……124
必須重視「封面設計」……126

第六章　重視口才在人生中的作用

好口才有多重要……131
以理服人兼用情感人……136
幽默的男人最可愛……141
悄悄地在嘴上塗點蜜……144
該開口時就開口……148
人類的第一恐懼……151

第七章　積極有效的自我推銷術

賣別人想買的……162
推銷真實的你……166
抓住別人的注意力……167
迎合別人的需求……169

隨時準備下一次衝刺……172
玩物喪志，必誤大事……176

第八章　練就江湖最狠的武功

吸星大法誰不要……182
實現永續性發展的途徑……183
學習是一種能力……186
終身學習能力是一種無形財富……188
養成每天學習的習慣……190
最需要學習的一種能力……193

第九章　滄海橫流盡顯男兒本色

自古英雄多磨難……198
挫折能激發能量……200
堅韌不拔的鬥志……203
保持沉著冷靜……206
當忍則忍，該讓就讓……209
變危機為轉機……212
把握逆轉的時機……214
高超的應變能力……221
大路車多走小路……225

第十章　破解三十歲男人的六大困惑

單身還是成家……230
七年之癢與三年之痛……232
雞肋婚姻的取捨……235
該跳槽了嗎……237
要轉行了嗎……240
受僱還是創業……243

第十一章　手捧著幸福走向成功

謹防成功成為毒藥……248
走得太快會丟失靈魂……250
為健康多花點心思……256
給家庭多一點時間……258

最好的東西在你家裡……261
扮演好丈夫的角色……265

前言

如同一塊璞玉，經過歲月恰到好處地雕刻、打磨，三十歲的男人告別了二十歲的青澀，卻還沒有沾染四十歲的世故。在他們身上，散發著迷人的光澤。他們大都有傲骨卻無傲氣，平凡卻不平庸；他們胸懷博大、能進能退，沉靜、穩重卻又不失激情；他們有山一樣的厚重、扎實，也有水一樣的明快與清澈……總之，他們是男人中的精品。

「男人三十一枝花」。不過，處於花樣年華的男人，卻並沒有多少自我陶醉的雅興與閒心。因為他們的耳邊，還響著一個更加響亮的聲音——三十而立！他們難免會經常捫心自問：三十而立，我立了什麼？或者——我能立什麼？

丈夫隻手把吳鉤，意氣高於百尺樓；一萬年來誰著史，三千里外覓封侯！十幾二十歲的時候，幾乎每個男孩都覺得自己到了三十歲，肯定已經做出了一番轟轟烈烈的事業。等真正到了三十歲，卻發現理想與現實的巨大差距。有人戲說三十歲的男人看書時開始注意名人的年表，喜歡將名人成名的年分，減去他出生的年分。如果小於三十這個數字，就很掃興；如果超過三十，就很開心；碰到那種四五十歲才做出點事業的例子，就覺得來日方長。

在三十歲時，松下幸之助、梅鐸（Rupert Murdoch）、李嘉誠、理查．布蘭森（Richard Branson）、比爾蓋茲、阿布拉莫維奇（Roman Abramovich）……這些財富英雄已經鋒芒盡顯。

在三十歲時，詩人雪萊（Percy Shelley）和葉塞寧（Sergei Yesenin）已經死了，但他們的身後，卻留下了一座輝煌的詩歌殿堂。

三十年，人生能有幾個三十年！都說十年磨一劍，歷經三十年歲月的打磨，我們人生之劍到底光亮幾何？曾經的信誓旦旦，曾經的豪言壯語，在三十歲越來越近時，如一條犀利的鞭子抽打著每一個而立之年的男人的心！

除了事業上的壓力，生活上的負擔也開始襲來。三十歲的男人，應該是父母腋下的拐杖，是妻子擋風的牆和遮雨的樹，是兒女領航的燈、過路的橋。天真在這裡結束，成熟從這裡開始；輕鬆在這裡告別，重負從這裡上肩……種種壓力給男人帶來的焦慮、恐慌與無奈，如一個火種投入乾燥的柴堆，迅速蔓延開來。

我被三十撞了一下腰，疼痛與驚慌只有自己知曉。三十歲這顆埋在男人生命中的定時炸彈，甚至於將能量波及將要三十或已經三十出頭的男人。

如果你在三十歲還沒有實現自己曾經立下的志願，不要懊惱與氣餒。逝者已矣，往者可追。如果六十歲前是人生的主要里程，那麼三十歲前我們處於一個認識社會、累積自身的過程，三十歲後則是你大展拳腳的舞台。三十歲上下，可以是我們人生跑道上一條新的起跑線。我們完全可以透過周密的計畫、聰明的頭腦和堅強的作風，為我們開創一個美好的未來。

在本書中，身為三十出頭的筆者，將與各位同齡的朋友們一起探討：男人三十我們該學點什麼、注意些什麼，以便讓我們做得更好，讓今後的人生更加幸福！

作者

第一章　美好人生需要設計規劃

在剛出生時，人生還是一張白紙，供我們揮霍、塗抹的地方寬廣得很。隨著歲月的流逝，白紙的空間逐漸變小……等到了三十歲時，紙上的圖案已經畫了將近一半。此時，供我們下筆的地方少了，我們開始珍惜起眼前這張畫卷，希望能夠在剩餘的空間裡畫出美好的圖畫。

席慕容在〈青春〉中這樣回首青春：「命運將它裝訂得極為拙劣／含著淚我一讀再讀／卻不得不承認／青春是一本太倉促的書。」過去的青春拙劣也好、倉促也罷，都是過去式了，不需要追悔。但男人到了三十歲，再也容不下多少拙劣與倉促了。

好好設計、規劃一下你的未來吧。沒有經過精心布局的畫卷，注定是拙劣與倉促的。我們人生的畫卷已經畫了近半，再也經不起折騰，該靜下心來，思考一下如何利用好剩餘的空白了。

事業是男人永遠的追求

在每一個男人青春年少的日記本上，都寫滿了太多豪情萬丈的誓言。

大鵬一日同風起，扶搖直上九萬里。

丈夫隻手把吳鉤，意氣高於百尺樓。

男兒立志出鄉關，學不成名誓不返！

事業是男人永遠的追求

幾乎每個男孩，都覺得等自己長大了，一定能夠做出一番轟轟烈烈的事業。那時，我們迫切地渴望自己快點長大，好讓自己「指點江山」、「糞土當年萬戶侯」。

時間在熱切的渴望中總是過得很慢，直到我們隱隱覺得時間過得好快時，才突然驚覺：我們已經長大了！

是啊，都三十歲的男人了——或者是「奔三」的男人了，怎麼還能是男孩呢？

我們真的如願地長大了。但年少時的夢想，卻不見得伴隨年齡而長大，而開花結果。不是說三十而立嗎？數千年前孔子的鐵口直斷，讓每一個三十歲的男人難免捫心自問：三十而立，我立了什麼？或者——我能立什麼？

如果你的夢想還沒有實現，不要嘆氣。「逝者已矣，往者可追。」三十歲的男人，事業在此初顯端倪，但又尚未定格，還充滿懸念，你完全還有機會來實現自己的理想。三十歲是人生的一個分水嶺，也可以是人生的跑道上一條新的起跑線。如果六十歲前是人生的主要里程，就一般人而言，人生的前三十年完成對社會的認識和對自己人生的設計，後三十年則是進行對社會的改造及對人生目標的實施。

愚人常因把成功看得太容易而導致失敗，智者常因把成功看得太困難而一事無成。強者知道成功絕非易事，既需要事前的精心謀劃，又需要在路上的勤勞和辛苦，因此，他們成了舉起香檳慶賀成功的人。三十歲的該男人要學會靜下心來，根據外界的環境以及自身的條件，精心地設計與規劃今後的人生之路。

成功都來之不易，越輝煌的成功越是難度大，你必須利用你全部的才學與能力，調動你所有的潛能，才能更快更好地達到成功的彼岸。

敢問三十歲的路在何方

還記得二十年前的你，用稚嫩的筆在白紙上描繪「我的理想」的美妙圖景嗎？

「我的理想」是什麼？說實在的，十歲左右的孩子，理想常常充滿了盲動，也容易變化。看到軍人很威武，就想當軍人；看了電影《少林寺》，又想出家練武當俠客；讀了安徒生的童話，或許又改變主意要當作家……

三十歲的男人，也有對未來美好的企盼，但不能再像小孩一樣，完全跟著自己的感覺走。現實一點，把「理想」用「目標」來代替，或許更加可行。把自己安頓下來，心中有目標，扎根現實，腳踏實地一點一點前行。

三十歲的男人要現實一點，但現實不是指隨波逐流。有些人，看到別人下海，自己就熱血沸騰地去創業；當出國鍍金的風頭正盛時，擠破頭也要走出國門；等到公務員熱到了，又忙著考公務員……忙忙碌碌的生活，看似充實，實則蒼白不堪。因為他們並不知道什麼是自己想要的。不是自己想要的，即使得到了，也不一定會帶來成就感與幸福感。

現在讓我們暫時離開男人與事業這個有點沉重的話題，來個輕鬆的小遊戲。假設你和很多朋友去一個地方旅遊，路上發現一個專門賣紀念品的商店。店裡的商品琳瑯滿目，你們一夥人中不少人買了，你也看中了一個，有點心動。當你準備購買時，你的同伴們有的提出了異議，他們認為你要買的東西太古板，有的認為價錢有點貴，有的建議你買和他同一款的……這時，你會猶豫嗎？會改變主意嗎？

不僅購物如此，其實我們在做任何事情時，都會遇到類似的情況：別人對你的選擇說三道四，以至於影響了你的抉擇。我們在事業上的抉擇，有意無意中受到了太多別人的影響，結果經常是選擇了自己並不願意走的路。這種情況在我們童年以及少年時更普遍，被家長送去各種自己並不喜歡的才藝班，而自己真正喜歡的才藝班因為家長沒有興趣而免談。再大一點，在高中選文組還是理組，並沒有多少自己自由選擇的餘地。到了考大學，因為各種原因而選擇自己並不想上的學校與科系的人更多。我的一位高中同學，文章寫得很棒，一直想讀文組報考中文系，但在父母的影響下，最終報考的是一所理工大學，學的是汽車製造。理想與現實真是天壤之別。後來，畢業後，這位同學從來就沒有從事過一天相關專業的工作，甚至連想法也沒有。他畢業後去了報社、文化相關之類的公司，慢慢地成熟與成長，現在是一個略有成就的自由撰稿人。人生的路畫了一個圈，四年的大學不能說他白讀了，但若是能用在學習自己樂意學習的領域上，該有多好啊。

就像購物一樣，各人對商品的選取有不同的標準。每個人都追求成功，那麼你如何為「成功」下定義？很多人以為成功與否是由別人來評價的。實際上，你的成功與否只有你自己能做評判。絕對不要讓其他人來定義你的成功，只有你能決定你要成為什麼樣的人、做什麼事，只有你知道什麼能使你滿足、什麼令你有成就感。

我想最接近成功的意義是「使命」。使命是我們要做的事以及要擁有的一切。你的使命感和你的信仰、價值觀密不可分。你必須心平氣和地問自己一個問題：我如何確定自己的存在？這個答案直接關係到你所擁有的特質、能力、技巧、人格及天賦。

你首先應該知道的是：你是獨特的、是絕無僅有的，你有自己的個性、背景、觀點、處世態度及人際關係，沒有人可以取代你，也就是說你的存在絕對有無法取代的價值。你的使命終究還是要靠你自己來完成，它是你人生的目標，是獨一無二、專屬於你自己的。它值得你用全部的精神、力量去追求。

我們現在生活在一個機會很多的年代。這些機會給了我們充分的自由，但同時也給我們帶來了困惑。有很多人抱怨不知道自己真正喜歡做什麼。造成這種局面的原因是我們多年來壓抑自己的願望，忽略了自己的內在，我們總是有意無意中模仿他人，卻忘記了真實的自我。

不了解自己的人是不可能獲得成功的。古語說：「知人者智，知己者強。」如果你對自己想做什麼非常清楚，你的願望極端明確，那麼使你成功的條件很快就會出現。遺憾的是對自己的願望清楚的人並不是很多。我們需要清楚地了解自己的雄心壯志和願望，並使它們在自己的內心逐漸明晰起來。如果說在我們還是男孩子時，因為心智或其他原因而不能給自己做主的話，那麼，當我們成了男人時，一定要掌住自己人生的舵。就像那位高中同學，如果他強迫自己坐在一大堆他沒有半點興趣的汽車設計圖紙旁邊，想必很難在這個行業有一番成就。

把最好的鋼用在刀口上

要把自己的優點運用到事業當中，這就好比把硬度最高的鋼用在刀口上的道理一樣。把鋼放在刀背，完全是一種浪費。不展示出自己最優秀的特質，優秀又有什麼用？

能夠客觀地了解自己的優點是有些困難的，然而身為一個想做一番事業的人來說，這是一道必解的題。比如說，你可能解不出那樣多的數學難題，或記不住那樣多的外文單字、成語，但你在處理事務方面卻有特殊的本領，能知人善任、排難解紛，有高超的組織能力；又如你在物理和化學方面也許差一些，但寫小說、詩歌卻是能手；也許你分辨音律的能力不行，但卻有一雙極其靈巧的手；也許你連一張桌子也畫不像，但有一副動人的歌喉；也許你不善於下棋，但有過人的臂力……在了解到自己優點的前提下，如果能揚長避短，認準目標，抓緊時間把一件工作刻苦、認真地做下去，久而久之，自然會結出豐碩的成果。

即使是那些看起來很笨的人，也許在某些特定的方面也會有傑出的才能。比如，柯南．道爾（Arthur Ignatius Conan Doyle）作為醫生並不著名，寫小說卻名揚天下。每個人都有自己的特長，都有自己特定的天賦與資質，如果你選對了符合自己特長的奮鬥目標，就能夠成功；如果你沒有選對符合自己特長的奮鬥目標，或許就會自己埋沒自己。

很多成功人士的成功，首先得益於他們充分了解自己的優點，根據自己的特長來定位。如果不充分了解自己的優點，只憑自己一時的興趣和想法，那麼定位就很可能不準確，並帶來很大的盲目性。歌德一度沒能充分了解自己的優點，樹立了當畫家的錯誤志向，害得他浪費了十多年的光陰，為此他非常後悔。美國女影星荷莉．杭特（Holly Hunter）一度竭力避免被定位為短小精悍的女人，結果走了一段彎路。幸虧經紀人的引導，她重新根據自己身材嬌小、個性鮮明、演技極富彈性的特色重新定位自己，出演了影片《鋼琴師和她的情人》（*The Piano*），一舉奪得坎城影展「金棕櫚」獎和奧斯卡大獎。

類似的例子實在是太多了。

少年愛迪生在校學習時，老師認為他是一個愚笨的孩子，經常責怪他。而愛迪生的母親卻發現了自己兒子愛探究的天賦，用心培養他，後來他終於成了發明大王。

達爾文學數學、醫學呆頭呆腦，一摸到動植物卻容光煥發……

艾西莫夫（Isaac Asimov）是一個世界聞名的科普作家，同時也是一個自然科學家。一天上午，他坐在打字機前打字的時候，突然意識到：「我無法成為一流的科學家，卻能夠成為一流的科普作家。」於是，他幾乎把自己的全部精力放在科普創作上，終於成了當代世界最著名的科普作家。

倫琴（WilhelmRöntgen）原來學的是工程科學，他在老師孔特的影響下，做了一些物理實驗，並逐漸體會到，這就是最適合自己的行業。後來他果然成了一個有成就的物理學家。

一些遺傳學家經過研究認為：人的正常智力由一對基因所決定。另外還有五對次要的修飾基因，它們決定著人的特殊天賦，有著降低或提高智力的作用。一般說來，人的這五對次要基因總有一兩對是「好」的。也就是說，人總有可能在某些特定的方面具有良好的天賦與資質。

所以，每一個人都應該努力根據自己的特長來設計自己，量力而行。根據自己的才能、資質、興趣、環境、條件等，確定自己的目標。不要埋怨環境與條件，應努力尋找有利條件；不能坐等機會，要自己創造條件，拿出成果來，獲得社會的認可。從事科學研究的人不僅要善於觀察世界，觀察事物，也要善於觀察自己，了解自己。

我們將介紹一些如何了解自己的優點、提煉事業之「鋼」的具體辦法，希望能對您有所幫助。

▼**徵詢意見法**：向自己的父母親人、同學朋友和師長同事徵求意見，了解他們對自己的看法和評價。看看周圍的人認為自己適合於做哪種工作。

▼**自我反省法**：自我反省可以幫助我們深入了解自己的才能及事業傾向。了解在過去的生活及工作中有哪些是自己愉快去做而又得到較大成就的事；哪些是自己不喜歡做，雖盡力卻毫無回報的事。檢討一下以往幾年間，自己性格的轉變，其中有哪些明顯的趨勢，

能否藉以推斷以後的轉變方向及自身發展的趨勢。

▼**心理、職業測驗法**：目前社會上出現不少有關心理、性格和智力等各式各樣的測驗，不妨試一試，作為參考。

▼**感覺法**：對自己無把握的事，會本能地產生一種畏懼情緒，這可能是你在這方面沒有才能的一種反映。與此相反，如果對所做的事感到有信心做好的話，那正說明你在這方面或許有一定的才能。

▼**比較法**：不怕不識貨，就怕貨比貨，透過比較可以了解自己的才能。尤其是在比賽場上，如果是競技比賽，有自由體操、鞍馬、吊環和單雙槓，那麼你在哪個項目中能屢挫對手捷報頻傳，那便說明你在這個項目上的能力突出。這是人盡皆知的道理。但如果沒有可比的對象，也可以拿自己做過的各項工作來比。如有人多才多藝，那就要看哪種才氣更大，哪種特長出類拔萃並被社會認可。

▼**考試法**：目前除了學校用考試來測驗學生的學習情況外，一般企業單位也喜歡用考試的辦法公開應徵人才。透過考試也可以客觀地評價自己。

除了運用各種方法認識自己外，還要根據自身的實際狀況客觀地評價自己。

總之，你要全面了解認識自己，客觀正確地評價自己，這樣才有可能在選擇工作或創業的時候，尋找到自己在社會坐標系中的恰當位置，既有效地發揮自己的才能，又充分挖掘自己的潛力，從而最大限度地實現自己的夢想。

找到你事業缺點之所在

明白了自己的優點，還要明白自己的缺點，這樣的自我認識才算全面，才能夠更好地揚長避短。但一個人的事業，往往不是一二種優點有效發揮就可以做成了，很多事業需要複合型的能力。比如你想在仕途有一番作為，恐怕不只是透過公務員考試那麼簡單，你還需要鍛鍊口才、提高修養等。

有一個眾所周知的「木桶理論」，其核心內容為：一隻木桶盛水的多寡，並不取決於桶壁上最高的那塊木塊，而恰恰取決於桶壁上最短的那塊。這個理論有點殘酷，但卻是事實，有點類似於我們所常見的「一票否決」。我們的事業也經常在我們察覺或未察覺中被「一票否決」了。

每個人都有很多缺點，沒有人是全才。有些缺點根本就不必去理會，比如一個便利商店老闆沒必要花力氣去搞懂飛機製造原理。便利商店老闆需要的是經營管理能力以及足夠的現金流，前者是軟能力，後者是硬能力。缺乏哪一種，事業都很難成功。那麼，作為便利商店的老闆，就要審視自己的不足在哪裡，並想方設法地改善。

因此，缺點就是影響你事業的致命弱點、缺憾、紕漏和不足。這其中涵蓋了能力、資源、性格、心態、習慣等很多方面。當你有了一個絕佳的商業創意，卻苦於沒有啟動資金。這時，資金成了你的短處，你要努力下工夫來加強這塊不足之處。有計劃地儲蓄，有目的地結識一些有可能在資金上提供幫助的人，這些你都必須去做，而且最好是未雨綢繆，不要臨時抱佛腳。

個性上的缺點與壞習慣，也要早改。一個沉迷於賭博的人，這缺點可以毀了他的所有。常聽人這樣說一個人：這個人，別的什麼都不錯，就是改不了這個臭脾氣，或者說，這個人與常人格格不入不好接觸，太有個性！敬而遠之吧！這樣日久天長你就成了「孤家寡人」了，也許你還沒有意識到自己的不足。其實，這種性格的形成，已經成為你事業上致命的「弱點」了。

當今的許多事業與職業，雖然越來越呈現專業化的傾向，但專業化不等於所掌握的知識與技能就很狹窄。因此，你要找出你事業上的「缺點」，把你的事業之「木桶」加高。人非聖賢，人人都可能有「缺點」。有了「缺點」，並不可怕，怕的是知道了，不去正視，不去改變。因而，一個真正聰明睿智的人，應當盡量補齊自己的「缺點」，如果實在無法補齊，也要始終對其保持警惕，遏止其發展，千萬不要讓其成為導致自己人生失敗的致命缺點。

三十歲的你，現在不妨自我剖析反省一下，找出你現在的事業的「缺點」，不要隱藏，在太陽下晾一晾自己的缺點，用欣賞的眼光學習別人的優點，用苛刻的眼光審視自己的不足。然後，努力彌補自己的缺點，如果你有未雨綢繆的意識，最好是在加強了「缺點」之後，還能夠預計將來的發展情況，早日將自己可能出現的「缺點」加強。那樣，成功的機會更加青睞你。

大丈夫欲謀事先謀勢

找到了自己的優點，規避或彌補了自己的缺點，幹事業還要學會踩準時代的節拍，符合社會的大勢。每一波潮汐，都是大自然有形的呼吸。而在這潮起潮落之間，或許就孕育了一場生命的大躁動，完成一次歷史的大跨越。我們正處於一個日新月異的時代，各行各業不斷推陳出新，風雲激盪，其中也孕育著發展的契機。

晚清巨賈胡雪巖說，做生意，把握時事大局是頭等大事。做事業與做生意都是一個道理，沒有相應的社會環境氣候，就沒有英雄成長的土壤和其他條件，真正的英雄必須能夠駕馭時局，胡雪巖就是這樣善於駕馭時勢大局的頂尖人物。而要善於駕馭時勢大局，前提是對局勢的敏銳察覺。

下過象棋或圍棋的人都知道：贏棋最重要的是要營造一個好的棋勢，而不單單是在某個局部的糾纏中占一兩顆子的便宜。在《孫子兵法》的〈勢篇〉中，孫子用「激水之疾」、「轉圓石於千仞之山」來闡述其對於「勢」的理解。「故善戰者，求之於勢也」。誠然，勢在則乘勢而上，勢不可擋，事半功倍。勢敗如山倒，大勢已去，事倍功半。

人生如棋，也如一場沒有硝煙的戰爭。下棋打仗要用策略頭腦去謀勢，人生局面的開創又何嘗不是如此？看有些人不顯山不露水，數年之後竟好運連連、功成名就；而更多的人忙忙碌碌、東奔西跑，卻一直沒有出頭的日子。這其中的差別無非在於：前者重「謀勢」，而後者謀的只是「事」。謀勢者，善於辨勢、造勢、乘勢、借勢、蓄勢，力之所至，勢如破竹；謀事者拘於瑣事，做事無章法，如盲人捉魚，全憑運氣。

時勢造英雄。強者是那些懂得借助時勢來成就自己的人。那些成就一番驚天動地的偉業的人，莫不懂得乘勢而行，待時而動。十多年前，當三十歲的貝佐斯（Jeffrey Bezos）上網瀏覽，發現了這麼一個數字時，網際網路就已經把一個大好機會拱手交給了貝佐斯。這個神奇的數字就是：網際網路使用人數每年以二十三倍的速度在增長。就在這一刻，貝佐斯明白了自己的使命，開發網路資源，創立自己的網上王國——亞馬遜公司。他離開了華爾街收入豐厚的工作，決定自己打拚。十多年後的今天，貝佐斯的亞馬遜網路書店市值高達數百億美元。貝佐斯的成功，前提是看準了網際網路使用人數快速增長的「勢」。在這個趨勢下結合他個人的才能，造就了現在這個龐大的商業帝國。

勢是活的，它在不停地變化。世上常發生這樣的事，我們也常在一些報刊中看到這樣的事：有的人正在做著很輝煌的事業，彷彿一切順風順水，如日中天，不料卻一場變故突如其來，事業之舟頃刻轟然坍塌，一切化為烏有。個人也從萬眾矚目淪為不值一文。

所以看清形勢不單是要看清當下的形勢，還需要立足於當下，預計未來的形勢發展，以做到未雨綢繆。雖說人生無常，但多數形勢的演進，我們還是可以從平日的所作所為，或其所交往的人員，或所處的環境中，看出一些蛛絲馬跡，解讀出能預示吉凶禍福的一些密碼來。楚國才子宋玉在〈風賦〉中說：「夫風生於地，起於青萍之末……」後人遂有「風起於青萍之末」這一成語，意為見微知著、一葉落而知秋。一切事情的或好或壞的結果，都有其預兆，只不過被大家忽略了。比如說地震，我們知道在它發生前就會出現地光（earthquake light）、地鳴等，一些動物也會表現異常，如雞在半夜時分突然鳴叫，狗無緣由地突然狂吠不止……

五代時期的馮道在《仕贏學》中說：見不遠必謀不深，謀不深而事難成。看得不遠，謀劃就不會高深，謀劃不高深，事情就很難成功。凡事總要超出別人一截，眼光總比別人放得遠，才能步步得勢，進而因勢取利，水到渠成。這和下圍棋的道理一樣，別人放一子，自己緊跟一子，不是笨蛋也聰明不到哪裡去，稍具圍棋常識的人都懂得要放手做勢，不求一子一地的得失，先從整體上營造自己的勢力範圍，形成孫子所說的「若決積水於千仞之溪」的有利態勢，然後抱犄角與敵逐，自然就能穩操勝券。

天下潮流，浩浩蕩蕩，順勢者昌，逆勢者亡，唯有明勢者才能站得高，看得遠，高屋建瓴，縱橫捭闔。不明勢或不善明勢，必然招致衰落和滅亡。我們做工作、辦事情也是這樣，正確把握「勢」就能夠事半功倍，達到預期的目的；與「勢」不符，輕則事倍功半，重則貽誤時機，一事無成。即使你不是商場中人，也完全有必要看清時勢以順應時勢，如投身「朝陽行業」、順應就業形勢。

此外，值得指出的是，我們謀求事業當中，形勢的利與不利有時並沒有很明顯界限。人生中的成與敗，常常就是只差那麼一點點。也許正是這一點點，決定了你我的成功。

識時務為俊傑，乘時勢是英雄。飛蓬遇飄風而致千里，正是乘勢而為。龍無雲則成蟲，虎無風則類犬。倘若時機不成熟，便甘於寂寞，靜觀其變，如姜太公釣閒於渭水，諸葛亮抱膝於隆中；一旦風雲際會，時運驟至，就會奮然而起，當仁不讓，改變歷史。如李世民在隋朝末年暗地招兵買馬，勸逼手握重兵的父親李淵造反。他們舉起造反大旗的那年，李世民年方十八（虛歲二十），難得這麼年輕就具有遠見卓識與問鼎天下的勇氣。

縱觀活躍在商業界的各個大富豪，誰不是順應時勢，勇於冒險者？過往的房地產熱，催生了多少大大小小的富翁？大的直接投資做開發商，隨便賺個上千萬；小的做些買房賣房的小投資，輕易賺個百十萬。可以這樣說，做房地產生意的人，想不賺錢都難。

形勢賜予我們的機遇往往是決定性的成功因素。好的形勢則猶如東風，此時乘勢而行就猶如順風揚帆，可以事半功倍。所以，把握自己的命運，關鍵要順應形勢、趨利避害，做一個把握時代脈動的人。

勢在必得，勢不可擋，勢如破竹，這些成語所傳遞給我們的都是乘勢的神奇力量。看清形勢的最終目的是為了乘勢。而要乘上趨勢，就要抓住最佳的時機。機不可失，時不再來。雖有智慧，不如乘勢。所以有大智者不與天爭，不與勢抗。因為他們明白，真理有如舟船，時運有如江河。沒有可達彼岸的浩瀚之水，真理只不過是一個寸步難移的客觀規律。

男人三十，謀事不能再憑運氣，要學會看準大勢、趁勢而為。

達到目標前需做的計畫

要怎樣才能達到目標？

簡單的說法是「行動」。但行動的方法有一個次序問題、輕重緩急問題。譬如你打算攀登一座高峰，山峰就是你的目標。但在攀登之前，還有很多具體的事務需要計劃好：需要哪些裝備？是否已經完備？是否有足夠的預算來採購缺少的裝備？是結伴還是單獨挑戰？……

我們通往目標的路，絲毫不比登山輕鬆。因此，在你朝目標邁進之前，一定要有一個合理的計畫。計畫非常重要。因為只有有了計畫，才能知道自己是否偏離了航線，幫助我們減少人力、物力的浪費。同時，計畫可以幫助我們分清工作的輕重緩急，並排出先後次序，以保證工作進程的有條不紊。此外，計畫還是一面鏡子，讓我們隨時檢查自己是否達到了預期的地點，有哪些不足。

這個計畫至少包括以下幾個內容。

▼**設定一個期限**：諸如「我將來要成為一個千萬富翁」之類的豪言，在小孩子的口裡說出來並沒有什麼不對。但身為三十歲的成年男人，我們要知道目標是具體的，而不是一個憧憬。一個沒有期限的目標不能算作是一個目標，只能是一個夢想或憧憬。你要成為千萬富翁，在你多少歲的時候？如果是四十歲的話，那麼你還有十年的時間，你這十年該

如何分配任務？第一年，達到多少財富，如何獲得？第二年，達到多少財富，如何獲得……以此類推。

▼ **確認你要克服的障礙**：要成功就需要克服障礙。沒有一項成功不是由克服障礙而成就的，所以在你往自己的目標前進的時候，要先確認你的障礙，將它們寫下來；其次對你目前的障礙要設定主次順序，找出哪一件事影響最大，挖掘通往成功路途中的大石塊，全神貫注地解決它。

▼ **提高相關的知識與能力**：要達到目標，你還在哪些知識或能力上有（或將會出現）缺陷？找出來，設定優先順序，一一將這些缺點改善。我們置身在一個以知識為基礎的社會裡，不管你設定了什麼目標，你想要實現它，必定需要用更多的知識來支持。你需要有針對性地不斷充電。

▼ **尋找外界的支持**：哪些事情是我自己所難克服的？哪些事情是必須別人幫助才能做好的？誰能在這個目標上幫助我？我要如何做他才有可能幫助我？一般來說，越是大的事業，越是很難獨立完成。一個人的力量委實有限，要懂得利用別人的幫助來達成自己的目標。同樣，你要列出需要支持的事項的輕重緩急，從最緊要的事項著手尋找對應的人。播種收割定律告訴我們：你所獲得的常常多於你所付出的。如果你認真地好好播種，你的收成會比你播種的多出許多。

▼ **把計畫寫在紙上並堅決執行**：所有的成功人士都是一個成功的計劃者，計畫就是建立各

種活動一覽表，再將這個活動一覽表按照重要程度和時間先後排序，弄清楚什麼是你首先應該做的，其次做什麼；什麼是最重要的，什麼是次要的；然後再依照你的計畫行動。一定要堅定地執行你的計畫。計畫不是擺著好看的，是用來執行的，否則計畫就完全失去意義。

▼**適時修正計畫**：有計畫的好處在於，你每天都在心中有數地朝目標邁進。當然，有時候會出現「計畫跟不上變化」的情形，但那不是計畫無用的理由，你可以透過微調來修正計畫。

計劃並不意味著一切都會準確無誤地實現。實際上會有許多事情與人們的初衷相差甚遠。但計畫仍有很重要的意義。對計畫的一個定義是「控制偏差」。我們需要計畫，否則偏差就無從談起。

人的一生最怕格局太小

陳文茜在接受央視記者白岩松的採訪時，說過一段這樣的話：「女人在這個社會並不容易獨處，你嫁丈夫也不容易獨處，你單身也不容易獨處，所以我們看到大多數的家庭主婦、職業婦女都不太快樂，很大的原因就是說，其實世界上可以給一個女人的東西相當的少，她就守住一塊天，守住一塊地，守住一個家，守住一個男人，守住一群小孩，她的人生到後來，她成了中年女子，她很少感到幸福，她感到的是一種被剝奪感。」

陳文茜女士的話本來是針對女人說的，認為許多女人限制了自己，將自己的格局做得很小，因此失去了幸福感。

身為男人，你是否也限制了自己，把自己的格局做得很小——而失去了成就感？

人生最怕格局小。人生是一盤大大的棋，你卻只在一個邊角消磨時間。要是你能怡然自得倒沒什麼，因為幸福只是單獨個體的一種感覺，你覺得很好，那就很好，旁人無法置喙。但若你一面埋怨自己「命苦」，不甘心，不服氣，卻還在那個狹仄的邊角不思改變，那就需要好好反思了。

你要什麼，就要為得到它而深思熟慮，並布下一個相應的局，才有可能得到。戰國時期的呂不韋以「貨人」而聞名。他的成功，就離不開精密的運籌與布局。

當呂不韋不滿足於自己做大商人的格局時，見到了秦國的人質公子子楚。於是，他打算做一筆奇貨可居的大「買賣」：擁立子楚為君主，自己以功臣的身分分享成功。

呂不韋的「貨人」買賣，可謂險阻重重，他是如何做到的呢？根據《戰國策》中的相關記載，他先是找到落難中的子楚，對他說：「公子傒有繼承王位的資格，其母又在宮中。如今公子您既沒有重新在宮內照應，自身又處於禍福難測的故國，一旦秦趙開戰，公子您的性命將難以保全。如果公子聽信我，我倒有辦法讓您回國，且能繼承王位。我先替公子到秦國跑一趟，必定接您回國。」子楚聽後，自然如行將溺水而亡的人看見有人伸出了手，自然是高興萬分。

取得子楚的配合後，呂不韋必須說服秦國接收子楚。怎麼實現這一目標呢？呂不韋想到了一顆棋子，王后華陽夫人的弟弟陽泉君。他找到陽泉君說：「閣下可知？閣下罪已至死！您門下的賓客無不位高勢尊，相反太子門下無一顯貴。而且閣下府中珍寶、駿馬、佳麗多不可數，老實說，這可不是什麼好事。如今大王年事已高，一旦駕崩，太子執政，閣下則危如累卵，生死在旦夕之間。小人倒有條權宜之計，可令閣下富貴萬年且穩如泰山，絕無後顧之憂。」陽泉君趕忙讓座施禮，恭敬地表示請教。呂不韋獻策說：「大王年事已高，華陽夫人卻無子嗣，有資格繼承王位的子傒繼位後一定重用秦臣士倉，到那時王后的門庭必定長滿野草，蕭條冷落。現在在趙國為質的公子子楚才德兼備，可惜沒有母親在宮中庇護，每每翹首西望家邦，極想回到秦國來。王后倘若能立子楚為太子，這樣一來，不是儲君的子楚也能繼位為王，他肯定會感念華陽夫人的恩德，而無子的華陽夫人也因此有了日後的依靠。」陽泉君說：「對，有道理！」便進宮說服王后，王后便要求趙國將公子子楚譴返秦國。這樣，王后也間接成了呂不韋的棋子。

有了子楚的配合，有了接收方，但還需趙國願意放走子楚呀。趙國當然不肯放行。呂不韋就去遊說趙王：「公子子楚是秦王寵愛的兒郎，只是失去了母親照顧，現在華陽王后想認他做兒子。大王試想，假如秦國真的要攻打趙國，也不會因為一個王子的緣故而耽誤滅趙大計，趙國不是空有人質了嗎？但如果讓其回國繼位為王，趙國以厚禮好生相送，公子是不會忘記大王的恩義的，這是以禮相交的做法。如今孝文王已經老邁，一旦駕崩，趙國雖仍有子楚為質，也沒有資格與秦相國親近了。」於是，趙王就將子楚送回秦國。

公子子楚回國後，呂不韋的買賣還離成功很遠。自古以來，宮廷爭鬥複雜而又凶險，子楚如何從昔日落魄的人質變成顯貴的太子呢？呂不韋打的是華陽夫人的主意。呂不韋讓他身著楚服晉見原是楚國人的華陽夫人。華陽夫人對他的打扮十分高興，認為他很有心計，並特地親近說：「我是楚國人。」於是把公子子楚認作兒子，並替他更名為「楚」。秦王令子楚試誦詩書。子楚推辭說：「孩兒自小生長於趙國，沒有師傅教導傳習，不長於背誦。」秦王也就罷了，讓他留宿宮中。一次，子楚乘秦王空閒時，進言道：「陛下也曾羈留趙國，趙國豪傑之士知道陛下大名的不在少數。如今陛下返秦為君，他們都惦念著您，可是陛下卻連一個使臣未曾遣派去撫慰他們。孩兒擔心他們會心生怨恨之心。希望大王將邊境城門遲開而早閉，防患於未然。」秦王覺得他說話極有道理，為他的奇謀感到驚訝。華陽夫人乘機勸秦王立之為太子。秦王召來丞相，下詔說：「寡人的兒子數子楚最能幹。」於是立子楚為太子。

子楚做了秦王以後，任呂不韋為相，封他為文信侯，將藍田十二縣作為他的食邑。而王后稱華陽太后，諸侯們聞訊都向太后秦送了養邑。

一場波瀾壯闊、跌宕起伏的「貨人」買賣，就在呂不韋高超的操縱下落幕。他實現了自己的夢想。

美夢人人都會做，不同的是有的人美夢成真，有的人是黃粱一夢。要想美夢成真，就得去做具體的事情。越是大事，越是牽涉面廣，越是難度大。所以，對於牽涉面廣、難度大的事業，你得先將事業行進途中的各項困難想清楚，然後盡量在各個險要之處布上棋子，讓你過河時有人搭橋，登高時有人架梯。

人生布局，要以大局為重，眼光要遠。就像下棋，全局觀念至關重要，開局投子要搶占要點，並注意子力間的策應和聯絡，最忌一開始就在乎一城的得失。初學者往往會一開始便糾纏一兩子的得失，等到此小戰役雖然勝了，大地盤卻讓人占盡。

伴隨著時間沙漏不容商量地流逝，我們的人生越來越短，生命畫布上留給我們落筆的地方也日漸狹窄。從現在開始，開始為你的人生做一個長遠規劃，並根據這個規劃布好人生的局，爭取在剩餘的人生畫布上盡量少些敗筆，以畫出最美麗的圖案。

第二章　剛柔相濟、胸襟寬廣的性格

十年磨一劍，霜刃未曾試。今日把示君，誰有不平事？

——這首唐人賈島所作的〈劍客〉一詩，短短的二十個字，將沉穩之態、自信之心、豪邁之氣，盡顯字裡行間。多少男人讀後激情澎湃、躍躍欲試？

絕大多數男人都有「遊俠」情結，成為一個武藝高強的俠客是許多男人幼時的夢。長大以後，純粹仗劍走天涯式的俠客夢會逐漸淡去，因為現實不需要也不容許俠客的存在。但不變的是心中那股埋藏得或深或淺的衝動——成為人生的強者。俠客夢也好，強者衝動也罷，都源自於男人那顆不甘平庸、激情澎湃的心。

男人如劍。歷經三十載歲月鍛鍊、敲打、淬火，三十歲的男人如一把散發幽光的利劍，剛強而不失柔韌，含蓄卻不含殺氣……

剛柔互用，不可偏廢

人若無剛，不如粗糠。沒有陽剛氣概的男人，就好像一把刀上沒有鋼刃。南唐後主李煜，既為人主，又處宋人虎視之下，卻無絲毫振作硬朗的作風。整日裡寫點纏綿的小詞，擁香摟玉，萎靡頹廢，最終落個國破家亡。宋太宗一杯毒酒，結束了李煜窩囊的一生。

人若太剛，容易受傷。剛強對一個男人來講很重要，是男人身上極可貴的品質之一，但剛強也有限度。一味地要贏、要強，很容易傷害身邊的人。而且在困難和挫折一味好強也不見得明智。硬支死撐的結果，往往是精血耗盡，無可再撐而一蹶不振。項羽當年就是因為過於剛強，而導致部下大多轉投劉邦。直至烏江邊一敗塗地，他仍是不願放下半點硬氣，用自殺式的戰鬥給自己的悲劇畫上句號。英雄則英雄矣，但他的戰死何嘗對得起三千江東子弟？倘若柔韌一些，渡河而去，沉痛反省，東山再起放手一搏成就大業的話，不是對江東死去的子弟有一個更好的「酬謝」嗎？然而，大王無能，唯有以死報答諸位。

男人剛強，女人陰柔，構成一個和諧的世界。但男人的剛中應有柔。太剛易缺，太柔則折。好男人如一把千錘百煉的寶劍，剛可以削鐵如泥，柔能夠繞指似絲。

晚清重臣曾國藩就是一個剛柔相濟的狠角色。他剛練水勇時，連朝廷的調遣令都敢違抗。因為他覺得自己的水陸兩兵勇才萬餘人，還不能夠與太平天國的百萬之師抗衡。一八五三年，曾國藩把練勇萬人的計畫告訴了愛將江忠源。江忠源魯莽無知向朝廷和盤奏出，結果船炮未齊就招來咸豐皇帝的一連串徵調（調湘軍出省支援外省）諭旨。曾國藩深知太平軍兵多將廣，訓練有素，絕非普通農民起義隊伍可比。況且與太平軍爭雄首先是在水上而不能在陸地，沒有一支得力的炮船和熟練的水勇，是吃力不討好的。曾國藩為此打定主意：船要精工良木，堅固耐用！炮要不惜重金，全購洋炮。船炮不齊，絕不出征。正如他所說的：「劍戟不利不可以斷割，毛羽不豐不可以高飛。」因而，當咸豐皇帝催促其「趕緊赴援」，並以嚴厲的口吻對曾國藩說：「你能自擔重任，當然不能與畏葸者比，言既出諸你口，必須盡如所言，辦與朕看。」曾國藩接到諭旨後便拒絕出征。他在奏摺中陳述船炮未備、兵勇不齊的情況之後，激昂慷慨地表示：「我知道自己才智淺薄，只有忠心耿耿，萬死不辭，但是否能夠成功，卻毫無把握。皇上責備我，實在無地自容，但我深知此時出兵，毫無取勝的可能，與其失敗犯欺君之罪，不如現在具體陳述，寧可承受畏首畏尾的罪名。」他進一步傾訴說：「我對軍事不太嫻熟，既不能在家鄉服喪守孝，使讀書人笑話，又以狂言大話辦事，讓天下人見笑，我還有何臉面立於天地之間呢！每天深夜，想起這些，痛哭不已。我懇請皇上垂鑑，體憐我進退兩難的處境，誠臣以敬慎，不要再責成我出兵。我一定殫盡血誠，斷不敢妄自矜詡，也不敢稍有退縮。」咸豐皇帝看到這封語氣剛中有柔，柔中又帶剛的奏摺，深為曾國藩的一片「血誠」所感動，從此不再催其赴援外省，並安慰他說：「成敗利鈍固不可逆睹，然汝之心可鑑天日，非獨朕舌。」曾國藩「聞命感激，至於泣下」。

正是曾國藩這種剛硬的性格讓他保存了湘軍的力量，為湘軍的發展壯大提供了條件，也為大清江山積蓄了後備力量。且不說他的這種違抗君命的做法是否正確，但是抗旨的勇氣和強硬，是讓人刮目相看的。

曾國藩在他一生之中，並不是處處推崇「剛」，他也重「柔」。熟讀古書的他一定知道古人對於剛與柔的思辨。所以，在取得了一定的成就之後，曾國藩一直注意自己不可過於剛強。曾國藩號滌生，滌生就是洗滌性格中不好的東西，錘煉出理想性格。他在給弟弟曾國荃的信中說：「近歲在外，惡人以白眼藐視京官，又因本性倔強，漸近於愎，不知不覺做出許多不恕之事，說出許多不恕之話，至今愧恥無已。」曾國藩年輕時性格剛而倔強，幾乎到了剛愎自用的地步，以致碰過不少壁。

曾國藩透過不斷地錘煉逐漸改變了自己倔強而近於剛愎的性格，因而使他具備了剛柔並濟的性格特徵。特別能顯示曾國藩剛中有柔性格的地方，是他和左宗棠的交往。曾國藩為人拙誠，語言遲納，而左宗棠恃才傲物，語言尖銳，鋒芒畢露。曾國藩在江西端州營中聞父逝世，立即返鄉。左宗棠認為他捨軍奔喪，是很不應該的，湖南官紳也譁然應和。第二天，曾國藩奉命率師援浙，路過長沙時，登門拜訪並手書「敬勝怠，義勝欲；知其雄，守其雌」十二字為聯，求得左宗棠的篆書，表示敬仰之意，使兩人一度緊張的關係趨向緩和。由於曾國藩採取寬容的態度，用柔和的心態包容剛硬耿直的左宗棠，兩人一直相處得融洽。

曾國藩曾寫過一聯：「養活一團春意思，撐起兩根窮骨頭。」這也是剛柔兼濟。正是這種剛中有柔、柔中帶剛的性格使曾國藩遊刃於相互傾軋的清代官場之中。

不可有傲氣，不能無傲骨

「人不可有傲氣，但不能無傲骨。」這句話是著名藝術大師徐悲鴻的一句名言。傲氣者，高傲之氣也，好過分顯露與炫耀自己的才華，張揚得目空一切，是眼睛朝天、目中無人的表現，是有「三分才」非要表現「十分能」的那種行為，是自以為是的虛妄，是天下才子捨我其誰的狂悖。這種人與人交往時盛氣凌人，其典型的特徵是驕氣、霸氣加匪氣。特別是當他有了一定的權力或地位時，還會變成了牛氣。項羽有傲氣，因而兵敗烏江，飲恨自刎；關羽有傲氣，因而兵敗麥城，死於非命。傲氣是成功最可怕的隱患，是自我淘汰最強勁的催化劑，被人嗤之以鼻。

傲骨，就是人們常說的剛正不阿的錚錚鐵骨。傲骨不是驕傲，而是一個人內心深處對自身的欣賞、對自身的珍惜。你可以將他打倒九十九次，但他只要有一絲力氣一定會站起來；你可以貶低得他一文不值，但他深信自己能夠大有作為。有傲骨的人，重物壓不彎，狂風吹不倒，冰雪凍不住，巨浪沖不走。有傲骨，折長戟，斷銀纓，摧鐵堡，銷重甲。傲骨不是以斤來論，也不是以錢來論，更不是以小人心來度的。一個有傲骨的男人才是一個真正的男子漢。

對於傲氣與傲骨，華人首富李嘉誠在一次演講中，對他的親身經歷作了細緻的剖析。有一家大公司的老闆，答應和李嘉誠做一宗生意，後來這個老闆反悔了。李嘉誠找到那個老闆，問到：「你答應了我的事情，怎麼又突然反悔呢？這樣做是不對。如果我是你，一定會睡不著覺。」但是對方傲氣十足地說：「我不會像你一樣，我會像嬰兒一樣睡得很舒服。」三天之後，那個人來找李嘉誠，並且願意多付百分之五十的金錢來完成原來反悔的交易。於是李嘉誠問他：「你當初不是說做不成這單生意，一樣可以像嬰兒一樣睡得很舒服嗎？」對方老老實實地回答：「那天之後，我還真沒有睡過一個好覺。」

李嘉誠又說，傲氣常常令一個人認為自己很了不起，它就像一個杯子裝滿了水，再也裝不下其他東西，而那些裝不下的東西，有時比水的價值不知高出多少倍。

說完傲氣，李嘉誠又說了傲骨這個話題，那也是他親身經歷的。二十多年前，他剛投身塑料花行業，必須經常到洋行去洽談生意。有一次他與一個占他工廠生產額九成以上的大客戶開會談合約的事。客戶傲氣十足，處處以居高臨下的姿勢對待李嘉誠。起初他忍讓著，認為和大客戶談生意難免要受一些氣。後來對方說：「如果你們沒有我們公司的支持，你們會怎麼樣？」李嘉誠頓然拍案而起，說：「請你馬上離開。」他這一拍案，把桌子上的水杯翻倒了。事後他認為這是必要的做法，經商之道固然以利字為先，但若無原則地聽任他人，連半點傲骨都沒有，到頭來吃虧失敗的必定是自己。傲骨，是一種內心世界的頑強品質，是勇於面對惡劣環境不卑不亢的底蘊。梅有傲骨，所以她能蔑視嚴冬的冷酷；牡丹有傲骨，所以她能不畏權貴的淫威；陶潛有傲骨，所以他不肯為五斗米而折腰；朱自清有傲骨，所以他寧願餓死也不吃美國的救濟糧。傲骨，是骨子裡具備的抗爭或者叛逆思想，這種思想被人所稱頌，被人所推崇。

可見，傲氣與傲骨之間簡直是雲泥之別。在傲骨面前，傲氣蒼白無力，因為傲氣充其量是繡花枕頭，敗絮其中，而傲骨彷彿是深藏不露的絕世武功，威力十足。三十歲的男人，告別了二十歲男人的張牙舞爪，尚未沾染四十歲男人的世故懦弱，正好處於無傲氣有傲骨的時節。這也許就是他們魅力的源泉之一吧。

平凡無所謂，平庸要拒絕

三十，一個普通的數字，但一旦作為年齡的刻度丈量著男人，立刻就顯現出它不同尋常：天真在這裡結束，成熟從這裡開始；輕鬆在這裡告別，重負從這裡上肩……三十歲的男人，應該是父母腋下的拐杖，是妻子擋風的牆和遮雨的樹，是兒女領航的燈、過路的橋。種種壓力給男人帶來的焦慮、恐慌與無奈，如一個火種投入乾燥的柴堆，迅速蔓延開來。這種內心的躁動，甚至於波及將要三十或已經三十出頭的男人。

我們從小到大，所接受的教育都是男人要做生活的強者，要站在舞台的中央享受鮮花與掌聲的禮讚。我們一直努力，以便讓自己早日成為一個「偉大」的人。

作家張愛玲，在年輕時曾說過：成名要趁早。可是誰不想趁早呢？然而，世界的舞台很大，中心的位置卻很小。總有絕大多數人怎麼削尖腦袋也擠不進去。不甘心、不服氣、不平衡……種種負面情緒如雜草般從心中長出，讓三十歲的男人們焦慮不堪。

這些焦慮不堪的人，缺少的是一種對「平凡」的承認與尊重。他們不能忍受平凡的工作，他們認為男人就應該活得光光彩彩、轟轟烈烈，卻不知道，平凡中孕育著偉大，偉大存在於平凡之中。這就是為什麼很多人空有滿腔抱負、滿腹學識卻流於平庸、碌碌一生的原因之一。

其實，我們應該拒絕的是平庸，卻應當允許自己平凡。

擁有一顆平常心，我們就可以看清很多人和事的本來面目，使我們不再急功近利，不再憂心忡忡，那樣你做起事來必然沉得住氣，耐得住心，有條不紊地一步一個腳印反而更容易走向成功。

沒有人能夠真正的一鳴驚人、一飛沖天。即將是那些貌似迅速崛起的成功人士，他們在成功之前也已經有了長時期的默默無聞與苦心累積。厚積薄發，如此而已。如果你忽視了在平凡工作中的「厚積」，又如何能在「薄發」中閃耀出奪目的光彩？

志大才疏是許多人成功的最大障礙。他們看到的只是成功人士功成名就時的輝煌，往往忽略了他們在此之前所付出的艱苦卓絕的努力。而事實上，人世間沒有一蹴而就的成功，任何人都只有透過不斷地努力才能凝聚起改變自身命運的爆發力。

成功需要累積，這是一條最原始也是最簡單的真理。

只是，還是有些人並不明白這些樸素的道理，他們在尋找自我發展的機會時，常常這樣問自己：「做這種平凡乏味的工作，有什麼希望呢？」他們並不知道，就是在極其平凡的職業中、極其低微的位置上，也蘊藏著巨大的機會。只有把自己的工作做得比別人更完美、更迅速、更正確、更專注，調動自己全部的智力，從舊事中找出新方法來，才能引起別人的注意，使自己有發揮本領的機會，滿足心中的願望。

男人的胸懷是委屈撐大的

某個企業家說過一段話——

「任何一個創業者，永遠要把自己笑臉露出來，你的臉看起來好像是很痛苦的樣子，很難想像一個痛苦的臉可以給人帶來快樂。所以快樂是需要展示出來，你要把自己的快樂展示出去。此外，剛才講到發脾氣，其實男人的胸懷是委屈撐大的，多一點委屈，少一些脾氣你會更快樂。」

男人的胸懷是委屈撐大的，這短短的十一個字，讓人聽了真是如醍醐灌頂。做人不能小肚雞腸，要有博大胸懷。做男人，特別是做成熟男人，更需要博大的胸懷。古人云：「有容德乃大」，又雲「唯寬可以容人，唯厚可能載物」。胸襟寬闊是一種成熟男人必備的品質，是成熟男人的魅力之一。古今中外，凡是能成大事的人都具有一種優秀的品質，就是能容人所不能容，忍人所不能忍，善於求大同存小異，團結大多數人。他們極有胸懷，豁達而不拘小節，大處著眼而不會目光如豆，從不斤斤計較，糾纏於非原則的瑣事。

每個人都生活在社會中，有人的地方自然會有矛盾。有了分歧，很多人就喜歡爭吵理論，非辯個是非曲直不可。其實這種做法很不明智，吵架又傷和氣又傷感情，不值。不如大事化小，小事化了。俗話說「家和萬事興」，推而廣之，人和也萬事興。「水至清則無魚，人至察則無友」。人非聖賢，孰能無過？與人相處就要互相諒解，經常以「男人的胸懷是委屈撐大的」自勉，求大同存小異，有度量，能容人，你就會有許多朋友，且左右逢源，諸事遂願。

在美國歷屆總統中，恐怕再沒有誰受到的責難、怨恨和陷害比林肯多了。但是根據傳記中記載，林肯卻「從來不以他自己的好惡來批判別人。如果有什麼任務待做，他也會想到他的敵人可以做得像別人一樣好。如果一個以前曾經羞辱過他的人，或者是對他個人有不敬的人，卻是某個位置的最佳人選，林肯還是會讓他去擔任那個職務，就像他會派他的朋友去做這件事一樣……而且，他也從來沒有因為某人是他的敵人，或者因為他不喜歡某個人，而解除那個人的職務。」很多被林肯委任而居於高位的人，以前都曾批評或是羞辱過他，如麥克里蘭．愛德華．史丹頓和蔡斯。但林肯相信「沒有人會因為他做了什麼而被歌頌，或者因為他做了什麼或沒有做什麼而被廢黜。」因為所有的人都受條件、情況、環境、教育、生活習慣和遺傳的影響，使他們成為現在這個樣子，將來也永遠是這個樣子。胸懷，崇尚的是磊落坦蕩、無私無畏和志存高遠的品格。

博大的胸懷，拋棄的是不平、煩惱和怨恨，得到的是友情、快樂和幸福。博大胸懷，遠離的是狹隘、偏激、小氣和毫無意義的你爭我鬥。有博大胸懷的男人，對批評清風能感，對誤解熱血能化，對誹謗修竹有情，對壓抑蘭香有懷。受到冤枉，做清水淡飲；遇到嘲諷，笑當清風拂面；乍逢喜事，淡然不顛；突遇悲愁，泰然不驚。

博大的胸懷從何而來？你不妨試著在委屈時，壓制自己的反擊與報復的衝動，把每一次委屈當成一次展示與拓寬自己胸懷的機會。一個對你無理辱罵的人，你用從容的解釋與淡定的笑臉應對，不記恨、不記仇，你的得分要比對方多得多。你甚至應該感謝對方給你一個展示自己胸懷的機會。當你經歷了一個又一個的委屈後，你的胸懷自然也就被「撐」大了。

三十歲的男人，請記住：你的胸懷有多大，你的魅力就有多大，你的成就就會有多大。

好男人咬緊牙關不喊難

三十歲的男人，大抵上有老下有小——或即將有小，負擔不可謂不重。於是，有人開始顧影自憐：「做人難，做男人更難，做三十歲的男人是難上加難。」其實，無論是男人還是女人，都有各自的難處，也有各自的精彩。拿男人來說，光看「男」字就知道男人活得不會那麼輕鬆。老祖宗造字中有會意一法，「男」就是一個典型的會意字——「田」裡出「力」的。「鋤禾日當午，汗滴禾下土」，男人永遠是站在太陽下流汗流血不流淚的主，而女人一般是娉娉婷婷前來送飯的人。

現代的男人命好了些嗎？至少很多男人不用到田裡去賣苦力了吧？但是，且慢，刀耕火種時代的男人不耕田一家人沒飯吃，現代的男人不在外奔波，即使有飯吃，也沒有一口好飯吃。沒結婚的男人，要在外打拚，將來結婚要花很多的錢。愛情的力量很大，但麵包的誘惑也不小。結了婚的男人呢，更不用說了。老婆孕產期不能上班，小孩三歲之前是請保姆帶還是乾脆就讓老婆做全職太太，小孩的奶粉和玩具很貴……都要你不斷賺錢回來才搞得定。當然，如果你幸運地遇上一個非常能幹的老婆，能幫你緩解經濟上的許多壓力，自然不錯，但是，你能保證自己有那麼幸運，你能讓自己那麼心安理得嗎？

事實上，女人也有女人的難與苦。男人只不過是承擔了基於生理與心理狀況不同所應承擔的責任。比如力氣活，男人天生力大；比如以事業為主，男人沒有孕產等造成事業中斷的客觀原因。

奇怪的是，男人所謂的難與苦，在不少女人眼裡卻是一種福。在外打拚，生活不僅過得充實，而且在成功之後還特有成就感。失敗了呢？從頭再來呀！生活還是充實而有希望。應該說，女人的看法是有道理的。身為一個男人，在付出汗水的同時，也得到了大汗淋漓後的舒暢以及收穫的快感。

有一句話，值得我們牢記一生：「以出世的態度做人，以入世的態度做事。」這句話是從著名的美學家朱光潛的一篇文章中提煉出來的。朱光潛在一篇文章中，提到了兩種人生態度：「絕世而不絕我」和「絕我而不絕世」，最後他指出理想的人生態度應是「以出世的精神做入世的事業」。朱先生的文章寫於八十多年前，但歷史的灰塵終掩蓋不住其深邃的思想。

人生百態，難免世事紛擾，這時我們要以超然的態度去對待，這就是所謂的出世。生而為人，要做事謀生，積極主動地用有限的人生去造就更大的輝煌，這就是所謂的入世。出世與入世的態度聚於一身，看似矛盾，其實卻是一種矛盾的統一，一種互補，一種和諧。「以出世的態度做人」主要指的是人的心態，是一種做事之外的超然的態度。「以入世的態度做事」是指人的行動。兩者不可偏廢，更不能顛倒。

做人於世外，做事於世內。就像臘梅開在深山幽谷或名苑勝地，皆不卑不亢、傲霜鬥雪，綻放著自己的美麗。一味地「出世」，未免太「消極」了；光知道「入世」，則難免落入世俗爭鬥之窠臼。只有將「出世」對於「入世」進行有機地結合，該進則進，當出則出，行止有度，屈伸合拍。對自己不放縱、不任意，對別人不挑剔、不苛求，對外物不貪戀、不沉淪。

身為男人，既要以「出世的態度」看淡自己所謂的「難」——不計較，又要以「入世的態度」對待自己所謂的「難」——勇承擔。難也好，易也罷，事情總是人做出來的。天下事有難易乎？為之，則難者亦易矣；不為，則易者亦難矣。難受的時候抬頭望天，然後再低頭做事吧！

不要生氣，一定要爭氣

動則暴戾乖張的人，給人的第一感覺是不成熟。做人要有定力，有度量，三十歲的男人更應如此。蘇軾在〈留侯論〉中云：「匹夫見辱，拔劍而起，挺身而鬥，此之不足為勇者。猝然臨之而不驚，無故加之而不怒，此其所挾者甚大，而其志甚遠也。」他這段話的大意是：庸人受到一些侮辱就會衝動得與對方爭鬥，甚至勇於搏命，其實這根本就稱不上勇敢；天下有一種真正勇敢的人，遇到突發的情形毫不驚慌，無緣無故侵犯他也不動怒，他們為什麼能夠這樣呢？因為他胸懷大志，目標高遠。

胸懷大志、目光高遠者往往不拘小節，不會被腳下一些小事情而衝動盲動，以至於打亂成大事的節奏、分散成大事的精力。打個比方，一個懷揣利刃矢志屠龍的勇士，絕不會理會行進途中宵小之輩的譏諷與挑釁，他沒有時間也懶得花精力去回擊。

生氣僅僅是一種情緒化的表現而已，僅僅停留在口頭或拳頭之上。但爭氣是一種實實在在的行動反擊。爭氣不是說有就有的，要靠努力才可以實現。爭氣值得喝采，爭氣值得鼓勵，爭氣值得學習。總之，生氣是一種消極的發洩，爭氣是一種積極的作為。

同樣一句話，有的人會因為這句話而受到激勵，然後奮發向上，成就一生，這就是爭氣。這樣的例子真是太多了。而有的人卻因為這句話受到刺激，怒發衝冠，因而壞了正事。人要爭氣，不可以生氣。人有七情六慾，難免會有喜怒哀樂，忍一時海闊天空；人生起伏高低，難免有高潮低潮，爭口氣則時運濟濟。自己要爭一口氣，千萬不要生悶氣！

想一想，你有一個宏大的志向嗎？如果有，又何必為了一些小事而衝動？當年淪為階下囚的越王勾踐若非胸懷復國雪恥的大志，又如何能忍受吳王夫差的一再羞辱？

如果你沒有遠大志向，也沒必要生氣。有位智者說得好：生氣是拿別人的錯誤來懲罰自己。一個人生氣，大抵是受了不公平的待遇，挨老闆錯罵，被戀人背叛……凡此種種，皆似乎不是你的錯。你為什麼要拿別人的錯誤來懲罰自己，讓自己第二次受到傷害？如果一定要說你也有錯的話，應該是你做得還不夠優秀。再努力一點，做老闆不可或缺的臂膀，他不光會減少錯罵你的次數，甚至正常的批評也許都會斟字酌句。再優秀一些，活出一個精彩的你，讓背叛的人後悔去吧！

「生氣」與「爭氣」雖然只是一字之差，態度卻是大不相同：生氣是做人上的失敗，爭氣是做事上的成功。所以，碰上生氣時最好的應對辦法就是自己爭氣，去做得更好，在人格上、在知識上、在智慧上、在實力上使自己加倍成長，變得更加強大，使許多問題迎刃而解。這才是一個頂天立地的男人，無愧於「男子漢」三個字的份量！

常懷感恩心，走路自然平

說實在的，不少人早已淡忘了「感恩」二字。物欲熾熱、人心浮躁，大家都喜歡伸出雙手說：「給我，給我！」卻不願說：「拿去，拿去！」要了還想要、總是不滿足的人，怎麼知道感恩呢？

在大山的深處，有一對相愛的年輕戀人。女孩家境較好，男孩是鄰村十多里外的一個孤兒，家中一貧如洗。兩人的戀情被女孩的家長得知後，女孩的母親找到了男孩的家，搬條凳子在他的家門口罵了三天三夜，有道是「貧賤夫妻百事哀」，其實貧賤的戀人又何嘗有好日子過？就算你們甘於過貧窮而又平靜的日子，都有人讓你們不得安寧。

男孩無奈，只得走出深山，外出求發展。出門在外的艱辛自不必多提，多年以後，男孩擁有了一家工廠。他一直單身，單身的原因不是經濟問題，而是心裡總是放不下昔日的戀人。剛出門的頭幾年，因為日子一直過得窘迫，不好意思回鄉，也覺得沒臉聯繫昔日的女友。後來慢慢地發達了，又因為時間的久遠而心生猶豫：她嫁了嗎？一定嫁人了吧？鄉下的女人快到三十歲若還沒嫁出去，流言成天會如刀子一樣往她身上戳。而如果嫁了的話，我再聯繫她，豈不是擾亂她平靜的生活？

男孩這時已經年屆三十了，想的事自然會長遠些，做的事自然也會穩重些。我們理解他的謹慎與猶豫，這是一個理性男人所作出的正常反應。於是，在猶豫之中，時間又過去了幾年。伴隨而來的是，男孩的事業也做大了不少，工廠從小到大，資產上了百萬。

三十多歲的男人——我們再稱他為男孩似乎不太恰當了，終於在事業完全步入正軌後，冷靜地梳理了自己的感情。他決定回一次家，給盤踞在自己心頭十多年的感情一個交代。

於是，我們在大山中的鄉村小道上，看到一輛急馳的福斯 **Passat**。剛到女孩家時，男人還沒有停車就看到了女孩的身影。女孩還是那個女孩，沒有嫁；男人還是那個男人，沒有娶。後來情節的發展自然是皆大歡喜。值得一提的是，女孩的母親對女婿一再賠不是，男人卻說：「不，我理解您當時的心情，誰不希望自己的孩子找一個好的人家呢？同時，我要感謝您，是您讓我有了今天，也是您為我生養了您的女兒——我心愛的妻子。」是啊，沒有岳母，他哪會走出大山？即使走出了大山，哪會有那股子衝勁和闖勁？

說完之後，男人轉身對妻子說：「還有，我要感謝妳，感謝妳在我一貧如洗時看上我，是你的愛給了莫大的勇氣與毅力。」

這是一個略帶憂傷的喜劇。類似的劇情在我們生活中其實經常上演，只是有的演成了喜劇，有的演成了悲劇。其中的細微差別往往是：是否有一顆感恩的心。一個有感恩之心的人，看待問題不會偏激，想事情不會光顧自己。這樣的人，優雅而又成熟。

生活在給予我們挫折的同時，也給予我們堅強。酸甜苦辣不會都是你人生的追求，但一定是你人生的全部。三十年的風雨，應該教會了男人學會感恩。用一顆感恩的心來體會，你會發現不一樣的人生。不要因為冬天的寒冷而失去對春天的希望。我們要學會感謝，感謝四季的輪迴給了我們不一樣的體驗，讓我們能夠春種秋收。擁有了一顆感恩的心，你就沒有了埋怨，沒有了嫉妒，沒有了憤憤不平，你也就有了一顆從容淡然的心！

記得成功學家安東尼·羅賓斯（Anthony Robbins）曾說過這樣的一句話：「人要獲得成功，第一步就是先要存有一顆感恩的心、感激之心」。是的，會感恩的人才會贏得別人尊重、愛護與幫助。一個人也只有學會感恩，才算是學會了做人。否則，一個人要是不知好歹，甚至把人家的好心當作驢肝肺，你怎麼指望他會以愛心、以負責任的態度去面對父母、家庭、同學、同事、朋友、公司和社會呢？

由此可見，感恩不僅是一種生活態度，而且是人之所以為人的基本條件，是一種為人處世的人生哲學，更是生活中的一種大智慧。讓我們常懷感恩之心，學做成功之人，就從點點滴滴的小事情做起吧！

感謝愛我的人，因爲他給了我幸福；
感謝幫助我的人，因爲他給了我溫暖；
感謝傷害我的人，因爲他磨練了我的心志；
感謝欺騙我的人，因爲他增長了我的見識；
感謝遺棄我的人，因爲他教導了我應自立；
感謝絆倒我的人，因爲他強化了我的能力；
感謝斥責我的人，因爲他助長了我的智慧；
感謝藐視我的人，因爲他喚醒了我的自尊；
感謝我的敵人，讓我認識自己和看清別人；
感謝傷痛，讓我學會了堅忍重建了幸福觀；
感謝生活所給予我的一切，雖然給我的不全都是幸福和美滿！

三十歲時不必在乎的事

躑躅於漫長而又短暫的人生道路上，「三十而立」的你已經走過了一段激情燃燒的歲月。三十歲的男人，除了仍憧憬未來外，開始時不時地回顧過去。過去的酸甜苦辣，過去的榮辱得失，常在腦海裡放電影般閃現。

誰的人生一帆風順？三十歲的男子漢們，注定已經經歷了一些坎坷。以下列舉的十多件事，是三十歲的男人在回首往事時，不應該放在心上成為負擔的。

▼**失戀**：不是不在乎，是在乎不起。三十歲前最怕失去的不是曾經擁有的東西，而是對未來的美好夢想。愛情如果只是一個過程，那麼正是這個年齡應當經歷的，如果要承擔結果，三十歲以後可能會更有能力，更有資格。我們要做的事情很多，過久地沉溺在已經乾涸的愛情河床中，與這個年齡的生命節奏不合。

▼**離婚**：不是不在乎，是一切還來得及。一位三十八歲的男人與妻子結婚十二年，冷戰十一年，終於分手。他說：「如果說後來不願意離婚是為了孩子，那麼她第一次提出離婚我沒有同意，現在想來真不知道為什麼。如果那個時候早分手，我的生活絕不會是今天這個樣子。現在再想重新開始，總覺得一切都晚了。」

▼**漂泊**：三十歲前就在乎穩定的生活？除非你中了樂透或未老先衰！漂泊不是一種不幸，而是一種資格。趁著沒有家室拖累，趁著身體健康，此時不漂何時漂？當然，漂泊

的不一定是身體，也許只是幻想和夢境。

▼**失業**：三十歲以前就嘗到失業的滋味當然是一件不幸的事，但不一定是壞事。三十歲之前就過早地固定在一個職業上終此一生也許才是最大的不幸。失業也許會讓你想起埋藏很久而塵封的夢想，也許會喚醒連你自己都從未知道的潛能。也許你本來就沒什麼夢想，但失業偏偏會逼著你去做夢。

▼**放棄**：人處處都面臨選擇，放棄也是一種選擇。選擇抓住一個機會，就等於放棄了其他可能。

當新的機會擺在面前的時候，勇於放棄已經獲得的一切，這不是功虧一簣，這不是半途而廢，這是為了謀求更大的發展空間；或者什麼都不為，只因為喜歡這樣做，因為，年輕就是最大的機會。在三十歲之前應該有這個膽量，有這個資本，有這個資格。

▼**幼稚**：「成熟」是個嚇人的詞，也是個害人的詞。成熟和幼稚是對一個人最大而不當、最不負責任、最沒用的概括。那些庸人，絕不會有人說他們幼稚。不信，到哪天你被生活壓得老氣橫秋、暮氣沉沉的時候，人們一定會說你成熟了，你就會知道「成熟」是什麼。

▼**不適應**：在一首搖滾歌曲裡有這麼一句：「這個城市改變了我，這個城市不需要我。」不要一味要求環境適應你，你要學會調整自己去適應這個社會。

▼**錯誤**：錯誤是年輕人的專利。

▼**淺薄**：如果每看一次《鐵達尼號》就流一次眼淚，每看一次《大話西遊》就笑得直不起腰，就會有人笑你淺薄。其實那只能說明你的神經依舊非常敏銳，對哪怕非常微弱的刺激都會迅速作出適當的反應；等你的感覺遲鈍了，人們就會說你深沉了。

▼**失意**：包括感情上的，事業上的，也許僅僅是今天花了冤枉錢沒買到合意的東西，朋友家高朋滿座自己卻插不上一句話。過分在乎失意的感受不是拿命運的捉弄來捉弄自己，就是拿別人的錯誤來懲罰自己。

▼**失敗**：一個人起碼要在感情上失戀一次，在事業上失敗一次，在選擇上失誤一次，才能長大。我們在此不說「失敗是成功之母」那樣的老話，失敗來得越早越好，要是三四十歲之後再經歷失敗，有些事，很可能就來不及了。

▼**壓力**：中年人能夠承受巨大壓力檢驗的是他的韌性，年輕人承受巨大壓力煥發的是他的潛能。

▼**出國**：也許是個機會，也許是個陷阱。除非從考大學的那一刻你就抱著這個目標，否則，對待出國的態度應該像對待愛情一樣，得之我幸，不得我命。是金子，在哪裡都能發光。

▼**薪水**：只要是受僱於人，薪水再高也高不到哪裡去。所以在三十歲之前，機會遠比金錢重要，事業遠比金錢重要，將來遠比現在重要。對大多數人來說，三十歲之前衝事業的首要目標絕不是賺錢，而是賺未來。

▼**房子**：除非你買房子是為了升值，要麼就是你結婚了。我有個同學，家在外地，大學畢業之後，公司沒有宿舍，家裡就給他買了一套房子。他曾經有過一個去大城市工作的機會，但是他覺得剛買了房子就離開這座城市說不過去，就放棄了。到現在他工作穩定，但一事無成。唯一的成就就是結婚了，並且有了孩子，因為他覺得不該讓這房子過於冷清，所以房子變成了家。房子是三十歲之前的男人的囚籠，這個囚籠不應該過早地和我們相關。

歲月如梭，站在三十歲的門檻上，不要為過去的點點滴滴而傷感。讓我們舉起杯，將往事化於酒中和往事乾杯，為自己壯行！

畢竟，我們的人生之路還有很長……

發人深省的幾則小幽默

有些精短的小幽默在我們一笑之後，往往能使人發覺其中的大智慧。我們不妨摘錄一些與態度有關、富有人生哲理的幽默，略作分析。

父子二人經過五星級飯店門口，看到一輛十分豪華的進口轎車。兒子不屑地對他的父親說：「坐這種車的人，肚子裡一定沒有學問！」父親則輕描淡寫地回答：「說這種話的人，口袋裡一定沒有錢！」分析：一個用簡單粗暴方式劃分世界的人，一個內心不平衡、藏著嫉妒的人，能有多大的出息？

有兩個觀光團到日本伊豆半島旅遊，路況很壞，到處都是坑洞。其中一位導遊連聲抱歉，說路面簡直像麻子一樣。而另一個導遊卻詩意盎然地對遊客說：「諸位先生、女士，我們現在走的這條道路，正是赫赫有名的伊豆迷人酒窩大道。」分析：從惱人的「麻子」到醉人的「酒窩」，路還是那條路，不同的是，走在路上的感受會大為不同。

妻子正在廚房炒菜。丈夫在她旁邊一直嘮叨不停：「慢點，小心！火太大了。趕快把魚翻過來。快剷起來，油放太多了！把豆腐整平一下。哎喲，鍋子歪了！」「閉嘴吧！」妻子實在受不了了：「我懂得怎樣炒菜。」「你當然懂，」丈夫平靜地答道：「我只是想讓你知道，我在開車時，你在一旁喋喋不休，我的感覺如何。」分析：經常換位思考，有助於你反省自己；你希望別人如何對待你，就應該如何對待別人。

某日，張三在山間小路開車，習習的涼風從窗外吹進來，感覺非常愜意。突然迎面開來一輛貨車，而且滿口黑牙的司機還搖下窗戶對他大喊了一聲：「豬！」張三一聽就生氣了，他勃然大怒，回頭大罵：「你才是豬？」話音剛落，他便迎頭撞上一群過馬路的豬。分析：在不明所以之前，先學會按捺情緒，耐心觀察，以免錯誤地理解別人的好意，那只會讓自己吃虧，並且使別人受辱。

晚飯後，母親和女兒一塊洗碗盤，父親和兒子在客廳看電視。突然，廚房裡傳來打破盤子的響聲，然後一片沉寂。兒子望著他父親，說道：「一定是媽媽打破的。」「你怎麼知道？」「因為媽媽沒有罵人。」分析：我們習慣以不同的態度來對待他人和自己，常常是責人以嚴，待己以寬。

第三章　腳踏實地、穩重行事的風格

告別滿臉稚氣，不再咋咋呼呼，三十歲的男人穩重得像頭牛，靈巧得像隻貓。他們做起事來腳踏實地，知進退、懂分寸……他們是男人中的男人。

太剛易缺，太銳則折。恰如其分地行事，是做事的最高境界。三十歲的男人，最令人迷醉的是他們沉靜、穩重卻又不失激情的行事風格。他們有山一樣的厚重、扎實，也有水一樣的明快與清澈。對於男人來說，三十歲是成熟發生質變的飛躍階段。只有抓住這一關鍵的黃金時期，盡可能地完善自我，才能化蛹為蝶！

靜若處子，動如脫兔

「靜若處子，動如脫兔」本來是講用兵之法，指軍隊未行動時就像未出嫁的女子那樣沉靜，一行動就像逃脫的兔子那樣敏捷。武俠小說裡的絕頂高手，個個都是靜若處子、動如脫兔。他們平常沉靜收斂，不露聲色，一旦時機來臨，出手快如閃電，直取對方命門。

三十歲的男人，平常不動聲色，但機會一來則施展全部絕學。男人三十，多少練就了一些真本事。本事不露一露未免暴殄天物，但經常露也難免落入出風頭或爭強好勝的窠臼。出風頭與爭強好勝，最易釀成大禍。這樣的例子從古至今多如牛毛。

二〇〇三年，哈佛商學院教授小約瑟夫．L．巴達拉克（Joseph L. Badaracco, Jr.）出版了一本書《沉靜領導》（*Leading Quietly*）。在這本書中，「領導不語，沉靜而御」是巴達拉克所推崇的領導觀。他認為「大多數卓越領導者通常並非公眾英雄」，只不過是有些中庸、有些平淡、有些拖沓、有些不顯山不露水的平常之人，作者稱之為「沉靜領導」。他是這樣來描敘「沉靜領導人」的：「那些選擇負責、幕後的方式，而不是扮演公眾英雄，來解決這些非常棘手的領導挑戰的人。這些人與傳統上那些大膽而勇敢的領導形象太不符合，並且他們也不打算那麼去做。他們想要的，就是去做『正確的事』，為了他們的組織，他們的同事，以及他們自己——但是，沉靜而不動聲色。」

巴達拉克倡導的沉靜型領導藝術，非常值得步入成熟季節的男人學習。不要說自己不是領導，你擁有沉靜的氣質，就離領導近了一步。

所謂「該出手時就出手」，懂得如何在必要時將「靜若處子」切換到「動如脫兔」的模式。三十歲的男人，該學會靜與動的無縫結合，知道什麼時候要收斂，什麼時候要放手一搏。

說到做到，不放空炮

一個人行走於世間，「說到做到」是一個受人信任的起碼準則。信守諾言，兌現諾言是建立信用的基本途徑。一個人信用越好，在工作和生活上就愈能成功地打開局面，局面越打得開，工作越容易開展。所以你必須重視你自己說過的每一句話，惜言如金，生活總是照顧那些說話算數的人，食言則是最不好的惡習。

我們有時會說：「男子漢大丈夫，一言既出駟馬難追！」大抵說了這句話時的許諾，相對會做得到一些，因為我們心裡重視了這件事。話都說到這種程度了，不努力踐約會很丟臉的。男人都愛面子，三十歲的男人也許更加愛。但是，你是否注意到，在我們平常一些似乎無關緊要的許諾中，我們有很多並沒有遵守？

「諾言順口溜，事後完全忘」，這種情形在當今不少年輕人中很為流行。張三李四等人在聊天，聊到了余華的小說《活著》，李四沒看過這部小說，聽了之後很想看。張三隨口答應：「這個容易處理，下次我回家把這本書帶來借你看。」張三隨口的一句話，過後便沒怎麼放在心上，一直沒有帶。李四呢？如果也不放在心上還好說，但他要是放在心上，對於張三的信用度就會打折扣。這樣的事似乎很小，但小中往往見大，而且積少成多。

我曾經去一個朋友家玩，吃飯時覺得他家鄉的臘肉很有特色，便隨口稱讚了臘肉的風味。朋友聽了，說這還不是最好的，最好的他們已經吃完了，春節回老家後他帶一些更好吃的過來給我嘗嘗。我笑著說好。大半年後，他真的送來一塊大的臘肉給我，而我卻幾乎要忘記當初他給我的承諾。可以說，透過這件小事，我對他產生信任感。

生活中，人們失信絕大部分是主觀造成的。有些人口頭上對任何事都說「沒問題」、「包在我身上」，一副大包大攬的模樣；可是，嘴上承諾，腦中遺忘，或腦中雖未遺忘，但不盡力，辦到了就大吹大擂，辦不到就假裝忘記（或許是真的忘記）。這種把承諾視作兒戲，是對他人的不負責行為，遲早得為人所拋棄。

自古輕諾者必寡信。老子在兩千多年前就斷言：「夫輕諾者必寡信，多易者必多難。」輕易對別人許諾，說明你根本就沒詳細考慮事情可能遇到的種種困難。這樣，困難一來，你就只會乾瞪眼，因而給人留下「不守信用」的印象。許諾越多，問題越多。不要輕易許諾。傷害一個人很容易，就是許下諾言卻不去遵守。損壞自己的名譽很容易，也是許下諾言卻不去遵守。

除了極少數故意用諾言來欺騙對方的人外，絕大多數人在許諾時是好心的、真心的。他們當時沒有半寸欺騙之心，只是後來因為各種原因，讓自己失信了。

我們在許諾時不要斬釘截鐵地拍胸脯，盡量留一定的餘地給自己。當然，這種留有餘地是為了不使對方從希望的高峰墜入失望的深谷，而不是隱藏自己不努力。例如，有朋友找你辦的事，確有難度，就跟朋友說明，這事難度很大，我只能試試，辦成辦不成很難說，你也不要抱太大希望。最好的承諾是實事求是直接告訴對方，自己有多大把握。這樣做是給自己留有餘地，萬一辦不成，也會有個交待。

當然，對於那些舉手之勞的事情，還是應該滿口答應的。只是在答應後，無論如何也要去辦好，不可今天答應了，明天就忘了。別人或許不會說，但心裡早就給了你一個不守信的評語。

為人處世，應當講究言而有信，行而有果，因此，不可隨意承諾。聰明的人會事先充分地衡量客觀條件，盡可能不做那些沒有把握的承諾。須知，承諾了就必須努力做到，千萬不可因一時事急，亂開「空頭支票」，愚弄對方。因為你一旦食言，對方一定會十分惱火。

為你的諾言負責，還包括諾言在無法兌現時，應該向對方說明原委，並誠懇地道歉，以求得對方的原諒和理解。這也不失為一個亡羊補牢的方法，說不定你還會因為亡羊補牢之舉而更加贏得對方的信任。當然，這樣的事最好是不發生、少發生，你一再地失信，再誠懇的態度也換不回別人的理解與信任。

心無旁騖，專心專注

做事業要成功，僅靠拚命與努力是不夠的，你還必須把有限的時間和精力用在刀的打磨上，而不是這把磨磨那把磨磨，結果磨著的不快，磨過的又生鏽了。

想做成一件事情，在工作和學習上要取得成就，三心二意、心猿意馬是最大的絆腳石。人與人相比，聰明的程度相差不是很大，但如果專心的程度不同，取得的成績就大不一樣。凡是做事專心的人，往往成績卓著；而時時分心的人，終究得不到滿意的結果。居里夫人在科學上取得那麼大的成就，就因為她是一個終身做事專心致志的人。

專注於某一件事情，哪怕它很小，努力做得更好，總會有不尋常的收穫。請看這樣一件事：有一位農村婦女沒讀完小學，連用中文表達意思都不太熟練與清楚。因為女兒在美國，她申請去美國工作。她到移民局提出申請時，申報的理由是有「技術專長」。移民局官員看了她的申請表，問她的「技術專長」是什麼，她回答是會「剪紙畫」。她從包包裡拿出剪刀，輕巧地在一張彩紙上飛舞，不到三分鐘，就剪出一組栩栩如生的動物圖案。移民局官員連聲稱讚，她申請赴美的事很快就辦妥了，引得旁邊和她一起申請而被拒簽的人一陣羨慕。

這個農村婦女沒有其他的能耐，但她有一把別人都沒有的剪刀。一個人沒有學歷，沒有工作經驗，但只要有一項特長，一處與眾不同的地方，就可能得到社會的承認，擁有其他人無法獲得的東西。人只要專注於某一件事情，就一定會做出使自己感到吃驚的成績來。因為如果一個人專心致志地工作或學習，就說明他已經有了明確的奮鬥目標，明白自己現在究竟要做什麼事，不達目的，絕不罷休，而且表明了排除干擾的決心。當一個人專心致志時，就彷彿完全進入了另一個世界，對周圍的喧鬧聲、說話聲就會聽而不聞。此外，文武之道，張弛有度，工作的時候專心致志、聚精會神，休息的時候痛快地放鬆，既有利於身心健康又有助於成功。

專注，意味著集中精力發展與突破。很多人涉足很多領域，學習很多知識，但每一項都沒有很強的競爭力。

工作的時候要做到心無旁騖，心思不專一工作不可能做好。其實，專一不光是工作的態度，也是生活的態度和思想的態度。工作中需要高度的專注，生活中也需要有專心致志的態度，思想上更是應該聚精會神。

如果工作中缺乏專心和專注的態度，就會導致紕漏百出，給上司或上級留下馬虎、不謹慎、不負責的負面印象，進而影響你的薪水和升遷，得不償失。不專心、常喜歡半途而廢，就會導致精神渙散，做事情有疏漏，導致一生碌碌無為。

有位叫賈金斯的人，無論學什麼都是半途而廢。他曾經廢寢忘食地攻讀法語，但要真正掌握法語，必須首先對古法語有透徹的了解，而沒有對拉丁語的全面掌握和理解，要想學好古法語是絕不可能的。

賈金斯進而發現，掌握拉丁語的唯一途徑是學習梵文，因此便一頭撲進梵文的學習之中，可這就更加曠日持久了。

賈金斯從未獲得過什麼學位，他所受過的教育也始終沒有用武之地。但他的父母為他留下了一些本錢。他拿出十萬美元投資開了一家煤氣廠，經營煤氣廠時他發現煤炭價錢高，於是，他以九萬美元的售價把煤氣廠轉讓出去，和別人合夥開採起煤礦來。可這又不走運，因為採礦機械的耗資非常巨大。因此，賈金斯把在礦裡擁有的股份變賣成八萬美元，轉入了煤礦機器製造業。從那以後，他便像一個內行的滑冰者，在有關的各種工業部門中滑進滑出，沒完沒了。

他戀愛過好幾次，但每一次都毫無結果。他對一位女孩一見鍾情，十分坦率地向她表露了心意。為使自己匹配得上她，他開始在精神品德方面陶冶自己。他去一所學校上了一個半月的課，但不久便自動逃掉了。兩年後，當他認為問心無愧、無妨啟齒求婚之日，那位姑娘早已嫁給了一個愚蠢的傢伙。

不久他又如痴如醉地愛上了一位迷人的、有五個妹妹的女孩。可是，當他到女孩家時，卻喜歡上了二妹。不久又迷上了更小的妹妹。到最後一個也沒談成功。

來回搖擺的人永遠都不可能成功。賈金斯的情形每況愈下，越來越窮。他賣掉了最後一份用以謀生的股份後，便用這筆錢買了一份逐年支取的終身年金，可是這樣一來，支取的金額將會逐年減少，因此他要是活得時間長了，早晚得挨餓。

工作、學習和生活中要是像賈金斯一樣，別指望有成就。可是在我們身邊，許多人往往走入迷思，譬如一些大學生在校讀書期間，忙著考這證、考那證，證書弄了一大堆，忙著做主持、當模特兒，業餘職業換了一個又一個，但畢業之後卻很難找到一份合適的工作。原因就是由於他們分散了時間和精力，沒有專注於某一份事情，結果事與願違。二十歲時揮霍一點時間成本來長見識或買教訓，也就算了，三十歲的男人，最好不要再這樣折騰。

一磚一瓦，疊成成功

許多有抱負的人大多忽略了積少成多的道理，一心只想一鳴驚人，而不去做埋頭耕耘的工作。等到忽然有一天，他看見比自己開始晚的，比自己天資差的，都已經有了可觀的收穫，他才驚覺在自己這片園地上還是一無所有。這時他才明白，不是上天沒有給他理想或志願，而是他一心只等待豐收，可是忘了辛勤耕耘。

飯要一口一口吃，事要一件一件做。「九層之臺，起於累土。」一磚一木疊起來的樓房才有基礎，一步一個腳印才能走出一條成形的道路。

在一九八四年五月十日香港報業工會舉辦的「一九八三年最佳記者」比賽中，香港《快報》記者曹慧燕奪得了三項「最佳記者」的金牌。曹慧燕為什麼能在這個對她來說還很陌生的環境中取得成就呢？除了刻苦頑強的努力外，主要是她善於從小文章寫起。她在香港白天上班，晚上自修英語，並利用業餘時間寫些雜感式的小文章，試著向報紙投稿。第一篇小文章在香港《明報》「大家談」專欄上刊出後，她受到很大鼓舞。於是更專注於這種「小成果」的努力。後來她進入《中報》，從事香港報館中地位最低、薪水也很少的校對工作。在校對的同時，《中報》為她和她的一位同事開闢了一個名為《大城小景》的專欄，讓他們每天撰寫一篇短文。正是每天八百字的專欄稿，磨練了她的筆鋒，活躍了她的思想，為她以後的成功奠定了堅實的基礎。

如果將一個人的追求目標比作一座高樓大廈的頂樓，那麼一級一級的階段性目標就是層層階梯。這個比喻看來太淺顯了，但不少人卻忽視了這一循序漸進的「階梯原則」。

建造一幢大樓，要從一磚一瓦開始；「繩鋸木斷、水滴石穿」就在於點點滴滴的累積。階段性目標雖然慢，卻始終向上攀登，而每個小目標的勝利總給人鼓舞，使人獲得鍛鍊、增長才幹。

積沙成塔，集腋成裘。點點星光若連成一片，照樣是一個燦爛的星空！

洛杉磯湖人隊的前教練帕特里克·詹姆士·「帕特」·萊利 (Patrick James "Pat" Riley) 在湖人隊最低潮時，告訴十二名球隊的隊員說：「今年我們只要求每人比去年進步百分之一就好，有沒有問題？」球員一聽：「才百分之一，太容易了！」於是，在罰球、搶籃板、助攻、抄截、防守一共五方面每個人都各進步了百分之一，結果那一年湖人隊居然得了冠軍，而且是最容易的一年。

讓自己每天靠近夢想一點點，只要你每天靠近夢想一點點，你就不必擔心自己不快速成長。不用一次大幅度地進步，一點點就夠了。不要小看這一點點，每天小小的改變累積下來會有大大的不同。而很多人在一生當中，連這一點進步都不一定做得到。人生的差別就在這一點點之間，如果你每天比別人差一點點，幾年下來，就會差一大截。

行止有度，循序而動

一個成熟穩重的男人，處事行止有度、循序而動。要行於其所當行，止於其所當止；屈於其所當屈，伸於其所當伸。北宋哲學家邵雍曾云：「知行知止唯賢哲，能屈能伸是丈夫。」該享受則享受，當勞累便勞累，依理而行，循序而動。如果必須，做得天下；若非合理，毫末不取。

要做到行止有度、循序而動，要求人有自律與自制。所謂自律，是指自我約束。曾經在媒體上讀到一篇〈驚人之自律〉的文章，文中盛讚一位「世界最誠實警察」的驚人自律之舉。服務於英國警界三十多年的尼格爾．柏加，一次到英格蘭風景如畫的湖泊區渡假，發現自己在時速三十公里的限速區域以時速三十三公里駕駛。柏加度假回來後第一件事情就是開了一張違例駕駛罰單給自己。駛抵市區後，他立即把此事報告交通當局。主管違例駕車案件的法官大感意外，他說：「我當了這麼多年法官，還從未遇到過這樣的案件」。結果，這位榮獲「世界最誠實警察」美譽的英警被判罰二十五英鎊罰款。

自律和我們古人提出的「慎獨」有密切的關係。在人前如何，談不上自律，有時候是為了面子，或為了標榜什麼的。一個人獨處時，最檢驗一個人的自律操守。柳下惠坐懷不亂，曾參守節辭賜，蕭何慎獨成大事。東漢楊震的「四知」箴言，「天知、地知、你知、我知」慎獨拒禮；三國時劉備的「勿以惡小而為主，勿以善小而不為」。范仲淹食粥心安，宋人袁采「處世當無愧於心」，李幼廉不為美色金錢所動。元代許衡不食無主之梨，「梨雖無主，我心有主」；清代林則徐的「海納百川，有容乃大；壁立千仞，無欲則剛」，葉存仁「不畏人知畏己知」，曾國藩的「慎獨、主敬、求仁、習勞」，「日課四條……」。以上種種，無一不是慎獨自律、道德完善的展現。這些都是老故事，但慎獨的精神永不過時。慎獨是一種情操，慎獨是一種修養，慎獨是一種坦蕩，也是一種自我的挑戰與監督。

所謂自制，通俗的解釋就是自我克制。自制與自律有細微的區別，前者偏重於欲望、情緒的克制，後者偏重於德行的約束。一個人的自制力的高低，主要展現在兩個方面：一方面能夠在日常生活與工作中克服不利於自己的恐懼、猶豫、懶惰等。培養自制力應該從生活中的細微小事做起。所謂「君子有所為有所不為」，指的就是自制。

一個人要做事成功，其最大障礙不是來自於外界，而是自身，除了力所不能及的事情做不好之外，自身能做的事不做或做不好，那就是自身的問題，是自制力的問題。一個成功的人，其自制力表現在：大家都做但情理上不能做的事，他克制而不去做；大家都不敢但情理上應做的事，他強制自己去做。

良好的自制力是一個成熟男人的必備素養。有了良好的自制力，可以使你具有良好的人格魅力，增強自己的親和力，更容易得到別人的認同，擁有更多的朋友和知己，使得自己的交際範圍更為廣泛，在與朋友的交往中學習別人的優點，吸取別人的教訓，進一步地完善自我。

自制力可以使我們激勵自我，因而提高學習效率；也可以使自己戰勝弱點和消極情緒，因而實現自己的目標。「美好的人生建立在自我控制的基礎上。」自制力是我們實現自我價值的重要元素，是我們人生轉折和飛躍的保險繩。有了較強的自制力，我們在前進的道路上便不會迷失方向，便不會被各種外物所誘惑，不會因為其他事情而影響了自己的判斷。一個沒有良好自制力的人，人生就會被他所不能自制的東西所「制」。不能自制者，必受他制。

雨果（Victor Hugo）說：「真正的強者是那種具有自制力的人」。三十歲的男人，你願意成為真正的強者嗎？

沒有自由，人如同籠子裡的鳥，即使籠子是黃金做的，也斷無幸福快樂可言。在追求自由時，我們切不可忘記了「自律」與「自制」。

控制自己的情感是一件不容易的事情，人最難戰勝的就是自己。怎樣培養和增強自己的自制力呢？我們在下一節繼續討論。

不要幼稚地意氣用事

三句話不對盤，便拍案而起怒髮衝冠；兩杯酒下肚，就勾肩搭背稱兄道弟——這些意氣用事的行為非常幼稚。意氣行事是人對事物最膚淺、最直觀、最浮躁的反應，它往往只從維護情感主體的自尊和利益出發，不對事物作理智深入的考慮。這樣的人做事完全跟著感覺走，沒有規則與法度，害人害己，還容易被他人所利用。

關羽曾經過五關斬六將、單刀赴會、水淹七軍，是何等英雄好漢。可是他有一個致命的毛病，就是喜歡意氣用事。當他受劉備重託留守荊州時，諸葛亮再三叮囑他要一定要和孫權打好關係，可是當孫權托媒人找關羽欲結兒女親家時，關羽居然怒氣衝衝地說：「我家的虎女怎麼能夠嫁給孫權的犬子？」不說關羽不知道天高地厚，即使孫權真的那麼不堪，他也不應該當著媒人的面說出如此傷人的話。看不起對方很過癮，但吳蜀聯盟破裂後刀兵相見，蜀國的日子便沒那麼好過了。關羽不但對對手意氣用事，對同僚也是如此。老將黃忠被封為後將軍，關羽當眾宣稱：「大丈夫始終不與老兵同行！」他如同一個小孩子，完全憑自己的喜怒說話行事，導致很多己方的將領對他既怕又恨，以至於當他陷入絕境的時候，眾叛親離，根本沒有人救援，最後落了個敗走麥城、被俘身亡的下場。

幾歲的小孩子，傷心就哭，開心就笑，憤怒時甚至將水杯摔在地上。他們的情緒都寫在臉上，展現在動作中，他們是可愛的。而身為成年人，若還是孩子氣十足，則不僅不可愛，而且讓人生厭。

人的感情是很複雜的，比較難以控制與掌握，這就更需要我們用理智來控制感情，把握感情的流向。感情是流動的，但有時候讓它安詳寧靜一下也是很必要的。讓感情平靜下來，在寧靜中回味一下，思索一下，只有這樣你才不至於在人生的路上枉自宣泄。因為情感作為一種超自然能量，它既有源且有限，譬如你超越理智無限度宣洩，不懂得控制自己，那麼你的感情早晚也會枯竭而變成一個缺乏感情的人，那時你後悔也晚了。

感情用事者多是感情不成熟的人。也許有人會說，「感情也會成熟嗎？」是的，人的感情也像果實一樣，有一個成熟的過程。感情成熟的人相應的很有理智，能夠控制自己的感情，而絕不會感情用事。所以我們應該注意培養自己的感情，讓它逐步成熟起來。

那麼，什麼樣的人才算感情成熟的人呢？記得有一篇文章曾經列舉了六個方面，我們不妨借鑑其中的某些方面。

首先，感情成熟的人並不以幻想做自我陶醉，能面對現實，勇於接受挑戰；對前途不過分樂觀或悲觀，均持審慎的態度，不憑直覺，悉依實際，因而有良好的判斷力。其次，感情成熟的人，沒有孩提時代的依賴，能自覺自愛，自立自強，每遇困難，自謀解決，不求他人的同情與憐憫。因為性情恬逸，所以得失兩忘。享得繁華，耐得寂寞。再次，感情成熟的人，能冷靜地支付、運用感情，也能有效地控制其昇華，因此他的感情，被人稱做像陳年的花雕，是那麼清醇馥郁，又如經霜的寒梅，是那麼冷豔芬芳……這雖然不能全面地概括感情成熟的人，但用來作為大致衡量的標準，還是適用的。

人生有許多艱辛，而且也很坎坷，如果三十歲時我們的感情還很幼稚，那麼為人處世、成就事業，就很難獲得成功。當然，感情的成熟需要一個過程，它是人的感情經歷、生活經驗、人生觀、價值觀、幸福觀的具體展現。同時它又與個人氣質、心理、修養有關。因此，從現實的角度講，不管是從事什麼樣職業的人，都應該努力培養自己的感情，因為那樣會使你的家庭更幸福，事業更輝煌。

成功的領袖，都是善於控制自己情緒的人。他們努力保持自己平和的心態，用理智約束自己的言行。諸葛亮率軍和司馬懿戰於祁山，司馬懿中計被燒，退至渭北紮寨，堅守不出。諸葛亮用激將法想激他出戰，於是叫人送書信以及女人用的裙釵脂粉給司馬懿，書信上寫的大意是：司馬懿你是一個大將軍，應該披上戰袍拿著武器來和我們一決雌雄，要是龜縮在寨子裡，生怕刀槍傷到自己，和婦女有什麼不同呢？現在我差人送來女人用裙釵脂粉，你要是不出戰，就拜而受之；要是有點羞恥之心，有點男人氣概，就退回這些東西，我們約個時間決一死戰。司馬懿看了來信，居然笑著說：「諸葛亮把我看做婦人了。」不但接受了女人用品，還重賞了來使。諸葛亮完全沒了轍。諸葛亮以裙釵脂粉送去羞辱司馬懿，就是想惹其發怒，在情緒的左右下意氣用事。可是司馬懿非常清醒，偏不中計。最後弄得諸葛亮自己沉不住氣，以致吐血而死。誰敢說收下婦人衣服的司馬懿，不是一個真正的男人呢？

三十歲的男人要學會控制自己的情緒和行為，做一個理性的人。理性是一個男人有教養和成熟的表現。可是在我們的生活和工作中，常常會有這樣的人，他們總是為一點小事而大動干戈、發脾氣，鬧得雞犬不寧，既破壞了和諧的工作環境，也破壞了同事間的團結。心理學家認為，感情用事是一種行為缺陷，它是指由外界刺激引起，突然爆發，缺乏理智而帶有盲目性，對後果缺乏清醒認識的行為。

一個理智的男人，在中了巨額大獎也不會醉生夢死、花天酒地。一個有理智的人，即使面對百般羞辱也能保持冷靜，而不會一觸即跳或走極端，使自己在憤怒中迷失方向。樂不可極，樂極生悲；欲不可縱，縱欲成災。一個人失去了理智，就得準備接受打擊和懲罰。因為理智不許做的事，都是在尋常狀態下不應該做或不能夠做的事。

理智不但是一種明智，更是一種胸懷，沒有胸懷的人，總是缺少理智。而一個沒有胸懷和缺少理智的人則難成大器。「所取者遠，則必有所待；所就者大，則必有所忍」。古往今來，大抵如此。

理智還是一種權衡，權衡輕重緩急，揚長避短，讓自己走向成功。而一個好感情用事的人，卻較少考慮自身條件，憑著一時的感覺去行動，到頭來一事無成，枉費了許多精力和時間。

你如果能恰當地掌握好你的情緒，那麼你將在別人心目中留下「沉穩、可信賴」的形象，雖然不一定因此獲重用，或者在事業上有立竿見影的幫助，但總比無法控制自己情緒的人要好得多。駕馭好自己的情緒，增強自控能力，是取得成功的一個重要因素，也是成功人生的重要法則之一。

遺憾的是，人的理智有時確是很脆弱的，甚至不堪一擊。特別是在面對強烈感情的時候。吳三桂衝冠一怒為紅顏，合「情」卻不合「理」。正是這種行事的不理智，造就了吳三桂悲劇的一生與家族的慘烈。我們或許做不到「諸葛一生唯謹慎」，卻應努力像「呂端大事不糊塗」。

時常檢討自己做得如何

有首情歌這樣唱道：「都是你的錯，輕易愛上我」，又云：「我承認都是月亮惹的禍」，似乎愛情受到傷害都是「你」和「月亮」的錯。表達愛情的藝術形式與藝術手法多種多樣，特別是情歌，只要抒發了真情、打動了人，就是好情歌。情歌是感性的，而且似乎越感性越好。而生活是理性的，過度的感性容易讓人走入情感的陷阱。因此，處於失戀或不和諧愛情中的男女，在唱情歌的同時，若真正將不和諧的「罪過」通通歸結在外部原因而不懂得反思自省，那麼災難將會擴大，將會繼續。

人人都有個性上的缺陷、智慧上的不足，有時候會不小心說錯話、做錯事、得罪人。反省的目的在於建立一種監督自我的暢通的內在反饋機制。透過這種機制，我們可以及時知曉自己的不足，及時匡正不當的人生態度。良好的反省機制是自我心靈中的一種「自動清潔系統」或自動糾偏系統。反省是砥礪自我人品的最好磨石，它能使你的想像力更敏銳，它能使你真正認識自我。「以銅為鏡，可以正衣冠；以人為鏡，可以明得失；以古為鏡，可以知興衰。」人生有了自省吾身，猶如有朗鏡懸空，能時刻從自省的鏡子中看清自己、檢討自己，進而修正自己。

曾國藩是中國近代史上一個響噹噹的人物，是「清代三傑」之一，洋務運動的先驅人物，還曾創辦湘軍長期與太平軍作戰。他歷任內閣學士、禮部右侍郎、兵部和吏部侍郎，後任兩江總督等職。曾國藩一生歷盡坎坷，幾度生死。他用筆記錄自己的人生智慧和經驗，留下了《曾國藩家書》。學者南懷瑾說，「曾國藩一生共有十三套學問，但流傳後世的只有一套，即《曾國藩家書》。」《曾國藩家書》多為對晚輩的教誨，也有曾國藩的自省。

從青年時代起，曾國藩就按照京師唐鑑、倭仁幫他制訂的「日課十二條」，每日自修、自省、自律。即使後來成為高官顯貴之後，也從不停止這些艱苦的功課。他曾經在日記中寫道：「一切事都必須檢查，一天不檢查，日後補救就困難了，何況是修德做大事業這樣的事！」他所寫日記，直到臨死之前一日才停止。曾國藩正是在逐日檢點，事事檢點的自律自省中，一步一步地走向事業的成功，走向人生的輝煌。

道光年間，在京城做官的曾國藩書生意氣，加之年輕氣盛，內藏傲骨，外露傲氣，易衝動，「好與諸有大名大位者為仇」。咸豐初年，他在長沙辦團練，也動輒指摘別人，尤其是與綠營的明爭暗鬥，與湖南官場的鑿枘不合，以及在南昌與陳啟邁、惲光宸的爭強鬥勝，這一切都是採取法家強權的方式。雖在表面上獲勝，實則埋下了更大的隱患。又如參清德，參陳啟邁，參鮑起豹，或越俎代庖，或感情用事，辦理之時，固然乾脆痛快，卻沒想到鋒芒畢露、剛烈太甚，傷害了這些官僚的上下左右，無形之中替自己設置了許多障礙，埋下了許多意想不到的隱患。

咸豐七年二月，曾國藩的父親曾麟書去世，曾國藩脫下戰袍從江西戰場回家守喪。這引來了朝廷上下一片指責聲，有些人甚至還希望朝廷處分他。但出乎意料的是，朝廷不僅准假三月，還給了他一筆銀子，令他假滿即赴前線。曾國藩並不領情，上表要求在家守制，朝廷不準。三個月後，曾國藩再次上奏，在這篇奏摺裡，他倒盡了苦水，然後提出復出的困難，如他所保舉湘軍將士的官名都是虛的，自己位雖高卻沒有實權，軍餉受制於地方，作戰也得不到地方的支持等。實際上就是希望朝廷理解他的苦處，授以督撫軍權實職，一切問題便迎刃而解。誰知朝廷根本不予理會。當時是滿人的天下，要授漢人以實職是值得皇帝猶豫的，於是皇帝乾脆同意他在家終制。曾國藩原本是想借守制為籌碼，獲得更大的權力以利於自己施展拳腳，卻沒料到被朝廷順水推舟。無可奈何的曾國藩在家一待就是一年多。眼看著自己親手創建的湘軍不能由自己指揮立功，不免「胸多抑鬱，怨天尤人」。

在湘中荷葉塘守制的一年多時間裡，曾國藩對自己的為人處世作了深刻反省。他開始認識到自己辦事常不順手的原因，並進一步悟出了一些在官場中的為人之道：「長傲、多言二弊。歷觀前世卿大夫興衰及近日官場所以致禍之由，未嘗不視此二者為樞機。」「歷觀名公巨卿，多以長傲、多言二端而敗家喪生。天下古今之才人，皆以一傲字致敗；天下古今之庸人，皆以一惰字致敗。」他總結了這些經驗和教訓之後，便苦心鑽研老莊道家之經典，潛心攻讀《道德經》和《南華經》，經過默默地咀嚼，細細地品味，終於悟出了老莊和孔孟並非截然對立的，兩者結合既能做出掀天揭地的大事業，又可泰然處之，保持寧靜謙退之心境。

一年多後，浙江局面一變，御史李鶴年、湖南巡撫駱秉章等人上奏朝廷，要求朝廷速命曾國藩復出以解浙江之急時，在鬱悶與反省中度日如年的曾國藩不再討價還價，立即披掛出征了。再次出山的曾國藩，身上多了些從容與遷就，少了些衝動與固執。這些改變對他日後的功名成就無疑是影響巨大的。而這一些，均拜他的自省所賜。在這一年當中，是曾國藩一生思想，為人處世的重大調整和轉折的時刻。在這段時光裡他反反覆覆痛苦地回憶，檢討過去。也正是由於他這段痛苦的自我反省才有了曾國藩晚年的成熟老練。等到再次出山的時候，才漸漸地收斂住自己的鋒芒，而日益變得圓融通達。

同治元年，曾國藩升任兩江總督，三千里長江水面，迎風招展的全是「曾」字帥旗。身為親率三四十萬人馬的湘軍最高統帥，他絲毫沒有飛揚跋扈、洋洋自得之態，反而處處小心，慎之又慎。請看他寫給弟弟的家書，便可知道他的當時心態。他諄諄告誡道——我們家目前正處在鼎盛時期，我本人身居將相之位，沅弟（曾國荃）所統領的人馬有五萬，季弟（曾國葆）所統領的人馬有六千，近世像這種情況的曾有幾家？沅弟近半年以來，七次拜受君恩，近世像弟弟這樣的人有幾個？太陽上升到最高點以後就會向西偏，我們家現在也是最高最滿的時候了。管子說，鬥斛太滿則人概之，人太滿則天概之。我認為天概人是無形的，仍然要假手於人來概。霍光家族太盈滿，魏相來平滅他，漢宣帝也來平滅他；諸葛恪大盈滿，孫峻來平滅他，吳國君主也來平滅他。等到別人已經來平滅，而後才悔悟，就已經太遲了。我們家正處在豐盈的時期，不必等待天來平，人來概，我與諸位弟弟應當先設法自己來概。自概的方法是什麼呢？我想也不外乎「清（廉）、謹（慎、謙）、勤（勞）」三字罷了。沅弟過去在金錢的取捨方面不太斟酌，朋友們的譏議指責，其根源實際上都在這裡。去年冬天買犁頭嘴、栗子山（此二處均在湖南雙峰縣荷葉鄉），我也很不以為然。今後應該不亂拿一分錢，不寄錢回家，不多饋贈親友，這乃是「廉」字功夫。內在的謙虛是看不見的，而其外在的表現主要有：臉色、言語、信函、僕從屬員，以後該在這四個方面下大力氣，痛加糾治，這是「謙」字功夫。每天臨睡之前，默默地計算本日勞心的事情有幾件，勞力的事情有幾件，就會覺得為國家所做的事情還不多，應當更加竭誠地為國效勞，這就是「勞」字功夫。

從曾國藩的家書中，我們可以清楚地體會到他那深刻地反思與檢討自己的作風。而一個時刻自省的人，行事自然穩重，不會動輒乖張動氣、情緒失控。所以，在夜深人靜的時候，我們要思考，要反省，要懺悔，要道歉，不能靠著本能和欲望去支配我們的生活。

《格言聯璧》中有云：靜坐常思己過。意思是沉靜下來要經常自省自己的過失，進而以是克非、為善去惡。不肯自省吾身之人行為乖張，處處傷人，最終傷己。項羽氣走亞父，不知自省吾身；趕走韓信，仍不知自省吾身。最終被困垓下，拔劍自刎於烏江河畔。「大風起兮雲飛揚」的豪情壯志，終於被「虞兮虞兮奈若何」的沉重嘆息所取代。霸王之敗，後人哀之，倘若後人尚不知自省吾身，必使後人復哀後人矣。

孟子所說的「吾日三省吾身」，凡人或許不易做得到，但時時提醒自己，檢視一下自己的言行卻不是太難的事，一個人有了不當的意念，或做了見不得人的事，可能瞞過任何人，但絕對騙不了自己。具體到我們日常的反省，其反省方式靈活多樣、不拘一格，可以透過日記，也可以透過靜坐冥想。而反省的內容，基本上有如下這麼幾點：

▼ 近來哪些事情做錯了？

▼ 近來哪些事情還可以做得更好？

▼ 近來學會了什麼？

▼近來有什麼值得我感謝的？

經常檢視、反省以上這些問題，你就能比昨天進步。而一個又一個的進步，是你人生走向卓越的基礎。

強烈的責任心使人卓越

在第二次世界大戰中期，美國空軍發現降落傘的安全性能不夠。儘管廠商已經很努力地將合格率提高到了百分之九十九點九，但軍方並不滿意。因為百分之零點一的不合格率，意味著一千個跳傘的士兵中有一個會因降落傘的品質問題而犧牲。

軍方儘管很不滿意，但廠方也沒有多少辦法。因為任何產品總難免多少有次品存在。雙方各有各的道理，矛盾似乎無法解決。最終，一個聰明的軍官想出了一個好的辦法：將每個因降落傘品質問題而犧牲的士兵的姓名以及家庭情況等資料，都及時傳達到廠方。

這一著棋厲害無比，廠商在面對軍方提供的資料時，強烈的責任心終於被激發了起來。他們這才真正體會到：自己的降落傘決定一個個活生生的人的生命，而不是一串冷冰冰的傷亡數字。結果，美國空軍在戰爭中後期極少出現因降落傘的品質問題而導致的悲劇。

人不能沒有責任心。沒有責任心的人，不但在事業上不可能有建樹，就是在一般的人際交往中也會令人所不齒。所謂責任心，就是對自己所負使命的忠誠和信守。責任心並不複雜，就是你知道自己該做什麼，同時也知道自己不該做什麼。當你在不知道自己該做什麼時，至少要做到知道自己不該做什麼，這是責任的底線。以男人來說，當他還不完全知道該為家庭做些什麼時，至少他應該知道哪些事情是他不該做的：不能背叛自己的愛人，不能行使家庭暴力等。這是一個有責任心的男人最起碼的標準。同樣，在工作中也是如此，不遲到不早退，是最起碼的責任心的表現。

高層次的責任心是知道自己該幹什麼。古希臘雕刻家菲迪亞斯被委任雕刻一座雕像，當菲迪亞斯完成雕像後要求支付薪酬時，雅典市的會計官卻以任何人都沒看見菲迪亞斯的工作過程為由拒絕支付薪水。菲迪亞斯反駁說：「你錯了，上帝看見了！上帝在把這項工作委派給我的時候，他就一直在旁邊注視著我的靈魂！他知道我是如何一點一滴地完成這座雕像的。」

不管你信不信上帝，每個人心中都有一個「上帝」，那就是原則。而對於自己原則的信仰，就是一個人的責任心。當一個人懷著宗教一般的虔誠去對待生活和工作時，他是能夠感受到責任所帶來的力量的。事實證明了菲迪亞斯的偉大，這座雕像在兩千四百年後的今天，仍然佇立在神殿的屋頂上，成為受人敬仰的藝術傑作。

責任是一個神聖的承諾，在它身上承載著一個不渝的使命，它能讓人戰勝膽怯，無數在戰場上冒著槍林彈雨前進的戰士都說明了這一點。他們只是因為信守「軍人以服從為天職」的承諾，就變得如此勇敢。沒有責任心的軍人不是合格的軍人，沒有責任心的男人不是優秀的男人。

有一個為布朗太太割草打工的男孩刻意打電話給她說：「您需不需要割草？」布朗太太回答說：「不需要了，我已有了割草工。」男孩又說：「我會幫您拔掉草叢中的雜草。」布朗太太回答：「我的割草工已經做了。」男孩進一步說：「我會幫您把草與走道的四周割得很齊。」布朗太太說：「我請的那人也已做了，謝謝你，我不需要新的割草工人。」男孩便掛了電話。此時男孩的室友問他說：「你不是就在布朗太太那裡割草打工嗎？為什麼還要打這個電話？」男孩說：「我只是想知道我究竟做得好不好！」

多問自己「我做得如何」，這就是一種責任感。

勇於承擔責任，別人就會為你的態度所打動，對你產生信任。有了信任就會產生依靠，你在生活中就會一呼百應，無往不勝。信用越好，人緣就越好，機會就越多，就越能打開成功的局面。雖然在做事的過程中，每個人都會犯錯誤，但是一定要能自己主動承認錯誤，不推卸責任，這樣才能贏得別人的尊重。作為男人，最讓人瞧不起的不是沒有出息，而是不負責任。沒有出息的原因很多，也許是時機還沒有到而已，誰也不能斷定他們的未來如何。但不負責任的人，完全可以斷定他們將來的路會越走越窄、越走越坎坷。

「一切責任在我」。一九八零年四月，在營救駐伊朗的美國大使館人質的作戰計畫失敗後，當時的美國總統吉米．卡特立即在電視裡作了如上的聲明。

在此之前，美國人對卡特總統的評價並不高，甚至有人評價他是「誤入白宮的歷史上最

強烈的責任心使人卓越

差勁的總統」。但僅僅由於上面的那一句話，支持卡特總統的人居然驟增了百分之十以上。

沒有責任的生活就輕鬆嗎？有時候逃避責任的代價可能還更高。不必背負責任的生活看起來似乎很輕鬆、很舒服，但是他們必須為此付出更大的代價。因為我們會成為別人手上的球，必須依照別人為我們寫的劇本去生活。

三十歲的男人，正是重負在肩的時候。小而言之，上有老、下有小（或將會有），身為家庭的頂梁柱，勇敢地挑起家庭的大梁責無旁貸。大而言之，對工作，對社會，都有必盡的義務。用我們壯實的身軀扛起責任，在壓力之下莫退縮、莫垮塌，勇敢的擔當將會令我們更加優秀！

第四章　多結交一些良師益友

男人的成就大小，三十歲以前取決於專業能力，三十歲以後靠的是人際關係。美國白領中流行一句話：一個人能否成功，不在於你知道什麼，而是在於你認識誰。有這麼一個遊戲：在紙上寫下你最親密的六個朋友的名字，把這六個人的財產對應列出，去掉一個最多的與最少的，取剩下四個人的平均值，就是自己的財產。這只是一個遊戲，其本質是昭示結交朋友的重要性。

有沒有「關係」大有關係

彷佛一條看不見的經脈，又彷佛一張透明的蜘蛛網，人際關係看不見卻能感覺得到，摸不著卻能量巨大。從一定意義上說，這個世界一切與成功有關的「好東西」，都是給人際關係順暢的人準備的。人際關係高手們左右逢源，對他們而言，沒有蹚不過的河、翻不過的山。自己解決不了的事，找親戚幫忙；親戚解決不了，可以找朋友；朋友幫不上忙，可以找上司。再不成，找朋友的上司的親戚的鄰居，也要達到目的。他們的人際關係，更像一條巨大的章魚那變幻莫測的觸鬚，幽幽地發出它的信號，從容穿過那些七折八拐的甬道，獵取到自己的獵物。

一個人有多大能耐，並非僅僅指他自身的能力，而是指所能調動的所有資源。我們經常會說誰誰誰門路廣，門路是什麼？其實就是人際關係。有什麼樣的人際關係，就有什麼樣的路子。人際關係順暢的人，幾乎沒有辦不成的事。沒有錢有人幫他出力，他就是一個有錢、有力的人。美國成功學家卡內基在研究成功訣竅時，得出一個結果：一個人的成功，有百分之八十五取決於該人的人際建構與經營的狀況。外國人喜歡用精確的數據來說話，卡內基的百分之八十五的數據也許值得商榷，但人際關係對於人生的重要性是任何人都要承認的。特別是在臺灣這個講究人情的地方，人際關係更是不可小覷。

比爾蓋茲也是一個善用關係的高手。他在念大學時就開始兼職創業，第一筆大單是與當時世界第一電腦強人——IBM 簽訂的。這個二十歲的毛頭小夥子，憑什麼與 IBM 搭上了線？因為他母親曾經是 IBM 董事會的董事，他透過母親認識了 IBM 的董事長，因而得到了直接向董事長推銷的機會。沒有這個良好的開端，預測蓋茲的首富之路會更加艱難與曲折。

也許還有人會說，那蓋茲還不是因為出身好，有個當前董事的母親？這話有一定道理。但他有個母親來牽線，你不能有個朋友來搭橋？每個人都生活在盤根錯節的人脈網絡中，要想生活充滿樂趣、事業一馬平川，誰也離不開他人的幫助與扶持。美國著名雜誌《人際》在二零零二年的創刊詞中，就有這麼一段話：「如果你不信，你可以回憶以往的一些經驗，就會發現原本你以為是自己獨立完成的事，事實上背後都有別人的幫助。因此，在社交場合，你應該盡量表露真正的自我與自己真正的才華，它們將會給你許多有用的建議。絕不可低估人脈的力量，否則將白白失去許多有利的幫助之力。」

不可忽略的是，有一些人寧願花很多的工夫來鑽研專業知識，考這個證那個證，卻不願花時間在人際關係上。他們認為那不過是一些「邪門歪道」而已。其實，打好人際關係並非是「走後門」的同義詞，人際關係完全可以是一種資源的正當共享，感情的互相支撐。

如果你還沒有認識到人際關係的重要性，我們再探討一個問題：在你引以為憾的往事中，有多少失敗了的事情只要有一個關鍵人物出手幫你，你就可以擺脫敗局？一定很多吧？

所以，我們的成敗，在一定程度上是人際關係成敗的折射。三十歲的男人，從小到大是否注意過深耕人際的肥沃土地？如果以前因為年少無知沒有重視，那麼現在一定不能再讓那片肥沃的土地荒蕪了！

帶給你的不只是看得見的

結交朋友，拓展人際，帶給你的絕對不僅僅是牽線搭橋或關鍵時候的出手相助那麼簡單直接。事實上，你的朋友還能決定你的眼光、品味、能力等內在的東西。朋友的影響力非常大，可以潛移默化地影響一個人的一生。身邊朋友的言行，如滴水穿石般影響著你的思路、眼光、做人的方式與做事的方法。

《聊齋誌異》裡有個河間生的故事，說的是河間生不務正業，交了個狐狸精做朋友。狐狸精天天帶他去吃喝玩樂。一次，他和狐狸精下樓任意取酒客的酒食，唯獨對一個穿紅衣的人避得遠遠的。河間生問狐狸精：「為什麼不去取紅衣人的酒食？」狐狸精說：「這個人很正派，我不敢接近他。」於是，河間生恍然大悟，他想：狐狸精和我交朋友，一定是我走上邪道了，今後必須得正派才是。他才一轉念，狐狸精就跑掉了。從此他果然走上了正路。

以上故事生動地說明了選擇正派的人交朋友的重要性。古人云「近朱者赤，近墨者黑」，就是這個意思。朝夕相處，形影不離的好朋友，必定在思想、言論、行動等各方面相互影響，這種耳濡目染的力量是絕不能低估的。所以，一個人擇友一定要在「良」字上下工夫。

固然，「金無足赤，人無完人」，我們選擇的朋友，儘管會有這樣那樣的不足，但主流必須是好的。他能與你坦誠相處，道義上能互相勉勵，當你有了過錯能嚴肅規勸你，這種真誠待人的朋友稱之為「摯友」；這種能指出你過錯的朋友又稱為「諍友」；這種能使你對真、善、美的事物更加嚮往，使你變得更高尚，更富有智慧的朋友，就是你應當尋求的，並使你終生受益的「良友」。與這樣的朋友建立起健康而真摯的友誼，往往成為你前進的動力。

一個人結交了卓越人士，便能見賢思齊；反之，若結交齷齪之徒，自己難免同流合汙。一如前面所述，人類往往近朱者赤，近墨者黑。

當然，這裡所謂的「卓越人士」，並非是指家世顯赫、地位超絕的人，而是指有內涵、讓世人所稱道的人物。「卓越人士」大體上可分為以下兩大類型：一是指立身於社會主導地位的人們；一是指那些有著特殊才華的人們，如長袖善舞者、對社會有傑出貢獻的人、才能特殊的人或是知識淵博的學者、才華洋溢的藝術家等。

「我本是塊普通的土地，只是我這裡種植了玫瑰」。與優秀的人交往會使自己也變得優秀，優秀的品格透過優秀的人的影響四處擴散。

男人三十，應該小心謹慎地運用自己的自由意志，在社會中尋找那些優秀的人作為自己的榜樣，努力去模仿他們。與優秀的人交往，就會從中吸取營養，使自己得到長足的發展；相反，如果與惡人為伴，那麼自己必定遭殃。社會中有一些受人愛戴、尊敬和崇拜的人，也有一些被人瞧不起、人們唯恐避之不及的人。與品格高尚的人生活在一起，你會感到自己也在其中受到了昇華，自己的心靈也被他們照亮。「與豺狼生活在一起，」一句西班牙諺語說，「你也將學會嚎叫。」

即使是和平庸的、自私的人交往，也可能是危害極大的，不但不利於勇敢剛毅、胸襟開闊的品格的形成，而且還可能會讓人感到生活單調、乏味，形成保守、自私的精神風貌，甚至使人心胸狹隘，目光短淺，喪失原則性，遇事優柔寡斷，安於現狀，不思進取。這種精神狀況對於想有所作為或真正優秀的人來說是致命的。

相反，與那些比自己聰明、優秀和經驗豐富的人交往，我們或多或少會受到感染和鼓舞，增加生活閱歷。我們可以根據他們的生活狀況改進自己的生活狀況。我們可以透過他們開闊視野，從他們的成功中學到經驗，從他們的教訓中得到啟發。如果他們比自己強大，我們可以從中得到力量。因此，與那些聰明而又精力充沛的人交往，總會對品格的形成產生有益的影響——增長自己的才幹，提高分析和解決問題的能力等。

美國有句諺語說：「和傻瓜生活，整天吃吃喝喝；和智者生活，時時勤於思考。」如果你想展翅高飛，那麼請你多和雄鷹為伍，並成為其中的一員；如果你僅僅和小雞成天混在一起，那麼你就不大可能高飛。三十歲的男人，你想成為什麼呢？

努力結交卓越之士

在南北朝時，一個叫季雅的人被罷官後，在名士呂僧珍家旁買了一處宅院。

僧珍詢問他購買宅院的價錢是多少。

季雅回答說：「一千一百萬錢。」

僧珍聽到這麼昂貴的價錢，大吃一驚。

季雅說：「我是用一百萬錢買房宅，用一千萬錢買鄰居呀！」

百萬買房，千萬買鄰的故事，講的是結交卓越人士的道理。

人人都想結交卓越之士，因此，我們放眼所及的一些卓越之士，早已是庭前車馬如織，想要結交他們，並非易事。在此，我們簡要地介紹一些有助於你結交能人的注意事項。

首先，要提前了解對方的有關材料。這方面的材料要盡力蒐集，多多益善，力求全面詳細。比如他的出生地、過去的生活經歷、現在的地位狀況、家庭成員、個人興趣愛好、性格特點、處世風格、最主要的成就、最有影響力的作品（歌曲、著作……）、將來的發展潛力、他的影響力所及的範圍。

其次，結識的方法最好是託人引薦。這是比較常用的辦法，一般託那些與其交往密切的人作為中間人引薦，會造成事半功倍的效果。因為經與他交往密切的人引薦，他自會刮目相看，鄭重地對待你。找中間人需要注意的是：你要讓中間人盡可能地了解你，並獲得中間人的充分信任和欣賞，這樣他才會有積極性去引薦。對一個不太了解的人，或不太賞識的人，中間人是不會輕易引薦的。冒然引薦，令對方不高興，也等於減少了自己在對方心目中的「印象分」。美國人認為，我們與世界上任何一個人的距離，只有六個人。也就是說，一個平凡得不能再平凡的人，透過朋友找朋友再找朋友式的引薦，最多經過六個中間人就可以結識到總統。

和卓越人士打交道，要放平常心。綁手綁腳、拘謹不堪，只會增加對方對你的忽略甚至輕視。你的舉止言談，要落落大方，收放自如，尊敬但不必過分崇拜，不要把自己放在一個低賤的位置。特別要注意的是，不要給對方以諂媚、討好的感覺。你肯定懷有敬佩之情，真誠地表達你的欽佩之情，適當地讚美一下也無不可，但一定要讓他感覺你的稱讚發自內心、發自肺腑之言。因為他們聽慣了吹捧話，甚至有些麻木，你再多而又俗套的吹捧難以打動他的心和引起他的興趣。總之，在人格上，大家都是平等的。

最後，我們還需強調的是：我們結交卓越之士的目的，主要是為了學習他們為人處世的方法，而非為了滿足自己的虛榮，也非處心積慮要待他日利用他們。

落難英雄是個寶

對於普通人來說，結交卓越人士的難度有二：一是侯門深似海，貴人難見到；二是即使見到也難有深交。其中的原因，相信不用筆者多解釋了。因此，對於普通人來說，結識落難的貴人，不妨為一個比較現實而又可取的途徑。

人生總是有很多起起落落，世態炎涼，人生冷暖，盡在起落之間。一個顯赫的人在走下坡路時，不少趨炎附勢者會棄他而去——這種灰色的故事在我們身邊從來就不鮮見。所以，有人說：要辨別誰是你真正的朋友，不要看你輝煌時有誰在替你唱讚歌，要看你潦倒時有誰安慰與鼓勵你。在貴人從雲端跌落深潭時，是你結識他的最佳時機。

在老王淪為庶民後，老張輕而易舉地登堂入室並成為座上客。隨著兩人交往的頻繁，老王不禁發覺眼前這個老張不僅心地好，也是一個人才。他有點慚愧自己當廠長時怎麼就沒有發現這個人才。其實，身為一個數千人的大廠中一個小小的技術員，身為廠長的老王是很難有機會去仔細了解其才能的。

五個月後，上級主管部門給了老王一個遲來的公正。老王官復原職，原來的副廠長等一批人因為財務問題而被刑事拘留。老王成了廠長之後，登門來祝賀的人絡繹不絕，大都拎著貴重的禮物，但老王一概沒有收。他唯一收下的是老張的好酒。很顯然，老張的禮有著與眾不同的份量。老張的才能，在今後會有一個更大的施展舞台。事實上，現在的老張，已經是主管生產的副廠長了。

其實英雄落難，壯士潦倒，都是常見的事。從現在起，多注意一下你周圍的人，若有落難的英雄，千萬不要錯過了。

識英雄於微時

自古以來，英雄與美女之間演繹了多少動人的故事。而美女慧眼識英雄，更是被人們傳為佳話。唐初美人紅拂女在芸芸眾生中，辨識了默默無聞的李靖，並與之結為連理。李靖後來幫助李淵父子打天下，為唐王朝的建立與鞏固立下了赫赫戰功。唐朝建立後，李靖被封為衛國公，被皇家極為優待。

紅拂女蘭質慧心，因戰亂隨父母從江南流落長安，迫於生計被賣入司空楊素府中成為歌妓，因喜手執紅色拂塵，故稱作紅拂女。楊素是北朝和隋朝政壇上的一個通天人物，更是一個興風作浪的高手。

李靖是三原地方一位文武雙全的青年，生得身材魁梧，儀表堂堂，飽讀詩書，通曉天下治亂興國之道，還練就一身好武藝，精於天文地理與兵法韜略，心懷大志卻一直苦於英雄無用武之地。後來隋朝穩定下來，他決定從家鄉投身長安，以圖施展抱負，為國效命。

李靖到了長安，由於國政大權基本掌握在楊素手中，於是他找到楊素並自我推薦。誰知楊素老邁昏庸，並不怎麼欣賞他。倒是楊素身邊的紅拂女目睹李靖英爽、談議風生、見解出眾，心中大為傾慕。等李靖鬱悶地離開楊素府第，紅拂女連夜就找到李靖的客棧，投奔了他。這就是千百年來膾炙人口的「紅拂夜奔」故事。

紅拂女身為封建桎梏中的一介弱女子，用自己過人的眼光與魄力，為自己爭得了愛情，並贏得了一個海闊天空的未來。對於現代的男人來說，其借鑑的意義當然不是狹隘地鎖定在像她一樣，找個有前途的愛人，而應該拓展到尋找尚未發跡卻可能發跡的英雄，與之結下深厚情誼。這種慧眼識英雄的「投資」，好比現在炒股一樣，要在茫茫的人海中，找到幾支「潛力股」，絕對需要眼力。

虎落平陽被犬欺，龍游淺灘遭蝦戲。昔日的輝煌，今朝的慘淡，若非箇中之人，實在難以體會其中的痛楚。這個時候，是英雄感情最為脆弱的時候，你若能及時伸出你的手，英雄或許會銘記一生。潦倒時別人給你的一碗粥，比你富貴時別人給你的一匹錦更讓人感動與感恩。可惜世上趨炎附勢的人多，大多熱衷於錦上添花，無意雪中送炭。這時，對方會用比往日多得多的時間與耐心，來和你好好交流，在交流中，你可以學到很多知識，他也能知曉你的為人與才能。倘若日後東山再起，你就是他的座上賓。即便日後未能再騰達，他人生大起大落中的經驗、教訓若與我們分享，也是我們寶貴的財富。

結識身邊的落難英雄，不應該停留在淺層次的交往上，要努力與其交心，並提供必要的精神乃至物質上的支持。如果對方一時情緒哀傷，則要適時好言安慰；如果對方一時精神委靡，則要鼓勵其振作；如果對方一時捉襟見肘，則要盡力相助。

某大型公司的技術員老張，「官運」一直低迷，在工廠裡做了快二十年，還只是一個沒有行政職務的技術員。五年前，因為企業高層的鬥爭，廠長老王被副廠長以及幾個中階幹部羅織罪名，被拉了下馬，由原先的副廠長當廠長。老王則被貶到鍋爐房看鍋爐。王廠長落馬之後，廠裡人人都唯恐避之而不及，生怕沾染了他身上的「晦氣」，令新的廠長記恨。

老張在老王下馬後的一個週末，帶了一瓶廉價的二重頭登老王的門拜訪。老王平時家裡是人滿為患，這次倒是清閒得很。兩人一瓶酒，邊喝邊聊。老王遭此橫禍，難免有些情緒，有些牢騷，也有些唏噓。老張話不多，只是適時安慰老王：白的說不黑，黑的說不白，善惡終會報。還建議老王不如趁自己無官一身輕，正好可以多陪陪家裡的老人與孩子。「你以前，為了工廠太投入了！」老張的話無疑讓老王聽了心裡暖和。

漢高祖劉邦出身卑微，還是地痞流氓時，蕭何便發覺他獨特的氣質，內心仁厚，慷慨好施，這是天生領袖人才所具有的。蕭何當時手裡有點權力，便處處照料劉邦。先是幫助劉邦當了亭長，後來劉邦因沒把犯人押解到指定地方而造反時，蕭何又提供一些軍餉來接濟他。而且，蕭何後來還編造了許多有利於劉邦的神話，將平凡的劉邦宣傳成一個順應上天而當天子的人。同時，蕭何又幫劉邦廣攬天下英才。如棄暗投明的韓信，由誤會到深得劉邦信賴重用，完全是蕭何全力保舉的，正是因為這樣，劉邦才能輕易得到天下。

蕭何之所以特別欣賞劉邦，除了他有著領袖的條件和胸襟外，還有其他的許多優點，如：他有自主精神，不因娶了一千金小姐而投靠岳父；當他落難山林，也不擾亂平民，具有極強的忍耐力；在他不得志時，受盡兄嫂白眼而委曲求全；在得到蕭何提醒後，追求上進，而且還能知人善任。

蕭何看準了劉邦是個前途無量的人物，在劉邦卑微時不遺餘力地幫助他。等到劉邦成功了，也成就了自己的事業。當英雄處於危難中時，如果自己有能力，一定應給予適當的協助，甚至施予物質上的救濟。而物質上的救濟，不要等他開口，應隨時取得主動。有時對方很急著要，又不肯對你明言，或故意表示無此急需。你如得知情形，更應盡力幫忙，並且不能有絲毫得意的樣子，一面使他感覺受之有愧，一面又使他有知己之感。寸金之遇，一飯之恩，可以使他終生銘記。日後如有所需，他必奮身圖報。即使你無所需，他一朝否極泰來，也絕不會忘了你這個知己。或者乘機進以忠告，指出其所有的缺失，勉勵其改過行善。

所謂識英雄於微時，就是要在英雄還沒有發跡時去欣賞他、幫助他。如果在他已成為英雄後去奉承他，那麼他會因你的趨炎附勢而忽略你、輕視你。「雪中送炭」要比「錦上添花」珍貴萬倍。這一點相信大家都深有體會。

敞開胸懷擁抱「畏友」

在你的朋友圈子裡，有一類人很可能會被你所排斥——畏友。明代學者蘇浚在他的《雞鳴偶記》裡曾把朋友分為四類。這四類是：「道義相砥，過失相規，畏友也；緩急可共，死生可託，密友也；甘言如飴，遊戲徵逐，昵友也；利而相攘，患則相傾，賊友也。」這個交友的標準雖然是根據當時社會情況提出來的，但對我們現在擇友仍然不無裨益。生活中，那種見利就上、就爭，見朋友遇到困難或不幸就忘義、就傾軋的「賊友」，當然是不可交；那種甜言蜜語不絕於耳、吃喝玩樂不絕於行的「昵友」，固然可以帶來一時歡快，卻難以做到貧賤相扶、患難與共，也沒有必要去交；值得我們傾注熱情，以心相交的是能夠「緩急可共，死生可託」的「密友」，是能夠「道義相砥，過失相規」的「畏友」。

「緩急可共，死生可託」的「密友」，可謂朋友的最高境界，這種關係猶如忠貞不渝的愛情般可遇不可求。而那種可以在道義、學業上互相砥礪，在缺點、錯誤上互相規勸的「畏友」，相對我們來說容易得到一些。在我們人生的路上，不乏這樣的「畏友」——可惜的是很多時候被我們自己給拒絕了。「畏友」說話有點直，不怎麼誇獎你，卻喜歡指出你的不足，因此我們一般不願意和其交友。其實，「畏友」和「密友」一樣，都應是我們人生中最好的朋友。

唐代詩人張籍，可以說就是韓愈的畏友。韓愈才華橫溢、才名四播，卻不能耐心聽取別人的意見，而且生活上不檢點，喜歡賭博。張籍為此一再給韓愈寫信，直言不諱地提出批評和忠告，終於促使韓愈認識了自己的缺點。韓愈在寫給張籍的信中說：「當更思而悔之耳」，「敢不承教」。

北宋時的蘇軾和黃庭堅也是一對好友，兩人以詩文聞名於當世，也常坐在一起討論書法。有一次，蘇軾說：「魯直，你近來寫的字雖愈來愈清勁，不過有的地方卻顯得太硬瘦了，幾乎像樹梢掛蛇啊。」說罷笑了起來。黃庭堅回答說：「師兄批評一矢中的，令人心折。不過，師兄寫的字……」蘇軾見黃庭堅猶豫，趕快說：「你幹嘛吞吞吐吐，怕我吃不消嗎？」黃庭堅於是大膽言道：「師兄的字，鐵畫銀鉤，遒勁有力。然而有時寫得有些褊淺，就像是石頭壓的蛤蟆。」話音剛落，兩人笑得前俯後仰。正是這種互相磨礪的批評精神，使得他們的友誼之樹枝青葉茂。

三十歲的男人，大多是事業正處於將顯未顯的時候，如果身邊有幾個畏友，能及時對於自己的不足和過失予以指正、勸阻，無疑是走向成功的一大助力。

交友之道

朋友是一定要交的。但是，要怎樣才能交更多更好的朋友呢？關鍵是看你做人是否成功。做人成功的，桃李不言，下自成蹊；做人失敗的，終歸難免庭前冷落車馬稀。

▼**用尊重贏得友誼**：我們都很清楚自己想從朋友那裡獲得什麼。可是你是否考慮過自己是個什麼樣的朋友？你是否體諒別人？你是否肯聽別人的話？你是不是個好朋友？然而，更重要的是，你是不是尊重朋友？

在交往中，我們待人的態度往往取決於別人對我們的態度。所以，我們要獲取他人的好感和尊重，首先必須尊重他人。與人相處時，要平等待人，不高人一等、故作姿態，不自以為是，不要在別人的背後評足品頭、說三道四和指手畫腳，始終保持友好平等的姿態與對方說話和辦事，才不至於傷及他人的面子和自尊心，才有可能與別人保持友好關係，才有助於做好自己的工作和事業。

▼**以和氣換來和諧**：「和為貴」，這是古今中外成功者最推崇的處世哲學。《菜根譚》裡這樣寫道。「天地之氣，暖則生，寒則殺。故性氣清冷者，受享亦涼薄。唯和氣熱心之人，其福必厚，其澤亦長。」

人在社會上或在工作中表現出的人與人的關係是一種相互依存的關係，我們不僅肩負著共同的責任，而且也有很多工作必須依靠大家共同協作才能完成，否則，互相拆台，暗中作梗，明處搗亂，要想把一件事情做好是不大可能的。而讓周圍的人都能齊心協力、團結合作，自然需要有和諧一致的氣氛。倘若同事之間情感上互不相容，氣氛上彆扭緊張，就不可能團結一致地完成工作任務。

▼**朋友之間也要拘小節**：在日常生活中，說一個人不拘小節是展現這個人有豪爽的一面，

說明他在一些小事上不太注意，這種人往往能夠得到較多的朋友，給他人的感覺是容易相處，人緣好。然而，如果要是過於豪放，而不站在對方的角度去考慮問題，那麼小節也會斷送掉平時好不容易結成的友誼。特別是在與某些關係重大的朋友的交往過程中，恰恰更要拘小節。

在今天這個時代，人們越來越注重交友的品質和情趣，不拘小節的人將會逐漸失去朋友對自己的好感，而會使自己遭受到更大的損失。在處理朋友關係時不妨注意以下幾點。

✧**不但要注意、更要注重小節**：只有注意與注重相結合，才會有所行動，而行動中才能真正展現出「拘」的含義。「意之責於思，重之責於行」，兩者的完美結合，循序漸進，才會有好的結果出現。

✧**不嫌其小**：小節，中心就在於「小」字上，就是平時不為別人所關注的問題，正是這些小問題，會反映出許多東西來。以小見大，積少成多，只要你去做了，就會有突出之處，就必定會為別人所關注。「勿以善小而不為，勿以惡小而為之」，不正是說明了「小」的關鍵所在嗎？

✧**不要歪曲「小」的含義**：拘小節不等於斤斤計較，『拘小節要拘到點子上、拘到刀口上。朋友不會喜歡那種在一切事情上都要分清楚、一切事情上都要講原則的人。

▼**把握好友誼的「度」**：朋友應該是「交往如水淡而不斷」的。交往過密，便有勢利之嫌，「距離產生美」的道理同樣適用於朋友之間的交往。而斷了來往，時間便會無情地

衝淡友情。特別是在生活節奏緊迫的今天，朋友之間很難有機會在一起聊天。朋友交往需要注意友情的維護，比如平時多打一些電話，相互問候一番，也會造成加深感情的作用。

君子之交淡如水，與《中庸》上的「君子之道，淡而不厭」是一個道理。君子的交友之道如淡淡的流水，長流不息、源遠流長。今人將交友比作花香，說友誼就像花香，越淡就越持久，與古人有異曲同工之妙。

第五章　精品男人的風度美

風度是一個人內在素養的外在展現，它從人的言談、姿態、作風和表情中表現出來。風度美是一種高層次的美，它是心神的凝聚、內在美與外在表現，能使他人心生敬慕、追隨左右。能夠稱得上精品的男人，身上散發著一種令人迷醉的風度。

寶石抛光後更加奪目，這是因為它以本身的質地作保障。都說男人三十是精品，三十歲的男人要想對得起「精品」二字，首先要做到內心精美，方能夠在外在的細節修飾中完美地展現出風度。就像精美的瓷器一樣，在上釉之前先把圖案畫好，經過煅燒後，即使有一點汙濁沾染也很容易地拭去，令自己永遠光潔。

首先要是一個自信的人

英國保守黨領袖伊恩．鄧肯．史密斯（George Iain Duncan Smith）在二零零二年九月接受BBC電視臺記者採訪。電視上的這位領袖面色茫然、靦腆、毫無生機，他用有氣無力、貧乏的語調攻擊了東尼．布萊爾（Anthony Charles Lynton Blair）首相以及其政黨的政策後，記者問道：「你認為自己能出任下一屆首相嗎？」他猶豫了一下，目光下垂，語氣不堅定地說：「是的，我可以，但我需要努力爭取。」幾分鐘之後，電視螢幕上出現了不滿意觀眾的電子郵件及電話錄音：「他自己都不相信自己能成為首相，讓我們如何相信他可以做我們的首相？」「他看起來根本就不像個能成為英國首相的人！」「難道保守黨中找不到別人做領導者嗎？」

這是英國保守黨在認為前領袖威廉．海格（William Jefferson Hague）不能展示給英國選民一個有力的形象，於二零零一年新換的領袖。前領袖海格被英國人戲稱為「小老頭」，他早早地頭頂禿髮，雖然只有四十多歲，卻像個走入暮年的老人，神色、語氣缺乏朝氣和自信，這位新換的領袖和海格甚至連長相都如此接近，以至於有人戲稱他們是孿生兄弟。再看看英俊的工黨領袖東尼．布萊爾，他永遠是滿面春風帶著笑容，走路和說話都充滿朝氣和熱情，他看起來就是個出色的領袖。也難怪很多英國人雖然不支持工黨的政策，卻投給布萊爾一票。一位支持保守黨的英國朋友說：「保守黨的兩個領袖讓我對這個政黨已經徹底失望，他們這兩屆的領袖看起來就不像能成為首相的人。」

到底是什麼讓保守黨的兩屆領袖都「看起來不像能成為首相的人」？——沒有當首相的風度。而具體到上面這個案例，他們缺乏風度的原因在於不自信。風度和自信有很大的關係。風度首先源於自信。只有相信自己、悅納自己的人，才能夠在任何場合都落落大方。而一個不自信的人，總是縮手縮腳，惴惴不安。毫無疑問，前者的風度和後者有天壤之別。

風度和長相沒有多大的關係，胖的瘦的、高的矮的、面相好的醜的，他們可以擁有翩翩風度，也可以粗鄙惡俗。風度和錢財沒有多大的關係，暴發戶粗大的金項鍊或戒指，不見得能為他的形象加分，甚至有可能產生副作用。

拳王阿里是一個黑人，在他成名之初正逢美國種族歧視非常濃烈的時候。很多白人都敵視阿里。阿里從來就沒有因自己的膚色而自卑，他經常驕傲地表揚自己：「最偉大的拳王，二十年前便已露鋒芒。」還誇獎自己：「我美麗得像一幅圖畫，能把任何人打垮。」並聲稱自己「能把敵人玩弄於手中，快如雷電、疾若暴風。」

阿里的自信，不僅讓他贏得了很多比賽，還逐漸贏得了眾多白人的喜歡。當然，獲得白人的喜歡也和大環境的改變有很大關係，種族的歧視在美國逐漸淡化。但這種淡化，阿里毫無疑問貢獻了他一定的力量。

自信是一個人對自己所具備能力和價值的良好感受。這種良好感受來自於對自身能力的認可，來自於對心中信念的執著追求，來自於百折不撓、永不放棄的精神。男人的自信心主要表現在：對自己所具備的知識、能力和判斷力有信心；有較高的目標和追求，對挑戰性的任務情有獨鍾；勇於承擔責任；從不迷信權威和地位；從不虛榮，實事求是、寬容大度地認識、對待自己和別人；不嫉妒別人取得的成就。一個自信的男人，臉上的從容與鎮定，能夠給周邊的人以信任感、安全感。

擁有自信不是什麼困難的事，但也不完全是那麼簡單的事。想要擁有自信，第一件事就是要知道什麼是真正的自信，許多廣告媒體會塑造出自信的假象，讓人們以為把眉毛挑得高高的，露出一副驕傲的神情，就是自信。許多人也會以為自己是有自信的，或是聲稱自信·實際上那和自信距離還很遙遠。

自信需要內在的東西來支持。就像當老師讓你寫一篇作文的時候，你的腦子裡已充滿了各種美妙的詞句和構思，你還會怕什麼呢？你會微笑著對自己說：「這有什麼難的。」當年劉備以尊貴之身訪南陽茅廬之中的諸葛亮，諸葛亮雖地位低微，但應對得如行雲流水，風度翩翩。諸葛亮布衣傲王侯，盡顯男人之自信，但他的自信不是無本之木，眼觀環宇、胸存溝壑是他自信的支撐。

自大和自信有著明顯、本質的區別。自信的人有很強的包容性，他們雖然從不懷疑自己的能力，但也深知「金無足赤，人無完人」、「尺有所短、寸有所長」的道理，因此他們有足夠的勇氣敞開胸懷，敢於面對不同的觀點和挑戰；而且，只要是積極、有意義的新思想、新觀念和正確的意見，他們都樂於接受，而不論它來源於何處，即使來自於對手甚至敵人都不例外。而自大的人卻往往自以為是，以為自己站在世界之巔，對他人的觀點和思想大多採取排斥的態度。

三十歲男人的自信，是那種從骨子裡散發出來的智慧、樂觀、堅韌與責任。他們的臉部表情、待人接物、言談舉止都包含著一種積極的內涵，渾身上下洋溢著活潑向上的力量。同時，他們的情緒相當穩定，成功時不會得意忘形——這是他們預料中的事；困難時不會唉聲嘆氣——他們相信自己能夠戰勝困難。這些特質，無疑使其成為一個具有魅力、值得的信任與託付的人。

提高自己的文化品味

氣質是男人展現風度的最佳武器，男人要怎樣才能養成良好的氣質呢？

一個人一生難免會受到自己身世背景的影響，只不過所受影響的程度不同而已。我們不但不能選擇來自父母的遺傳因素，同時，對自己在成長過程中所面臨的環境以及家庭背景，我們也是沒有多少選擇餘地的。慶幸的是，成年後我們有了足夠的自主權，能夠修正、完善自己的品味，以形成更理想的氣質。

有些人認為風度是外在的東西，與一個人內在的文化品味沒有絲毫關係。這個觀點是錯誤的，一個人內在的品味，決定了一個人外在的風度。

要想讓自己更有風度，你就得真正地充實自己，讓自己全方位地成長，成為受人歡迎的、魅力四射的人。打扮外表相對容易，或許你只需要稍加用心就可以了；而想提高文化品味，那就得下點功夫了，應該抽出大量的閒暇時間去充實自己。

泡圖書館，聽音樂會，參觀名畫展，進行一些民間文藝考察，甚至參與一些文化人舉辦的活動，這樣在不知不覺中提高了你的文化品味，使你的談吐更為優雅。

當人們再次與你相遇時，總會發現一些他們以前未發現的東西。不斷充實，不斷成長，不斷創新的人是最有風度的人。

如果你這樣不斷地去充實自己，人們會發現一個一天比一天睿智、一天比一天高雅的你。那麼，你的風度是擋不住的。

▩腹有詩書氣自華

詩人拜倫塑造了一位風流倜儻的唐璜（Don Juan），致使異性對他意亂情迷，不知道的人以為他也和他塑造的唐璜一樣英俊瀟灑，其實他只是一個瘸子，因幼時患過小兒麻痺症，而終生殘疾。

儘管知道他是一個瘸子，但當時的許多認識他的美婦淑女偏為他神魂顛倒。拜倫曾不無自負地說：「自特洛伊戰爭之後，任何一個人也沒有像我這樣被搶奪過。」他成了女性心目中的「白馬王子」。

他有什麼勾魂攝魄的魅力，使眾多的美女絲毫不介意他的殘疾，對他傾心痴迷呢？詩人的氣質風度，脫俗不凡的個性異稟，這都會折射出他的無窮魅力，更重要的一點就是他橫溢的才華。

當時的歐洲大陸與英倫三島不乏英俊瀟灑的美男子，但在眾多痴迷拜倫的女人眼裡，他們與拜倫相比卻黯然失色。試想拜倫若是毫不起眼的平庸之輩，他無論如何也不具備吸引異性的神奇魔力。

學識、才華得益於後天的求索，是一種知性魅力，即使是天才也莫不如此。富有學識的人，從來就很受人們的讚賞和傾慕。超群的學識能使一個人聲譽卓著，而女人崇拜的就是這樣的男人，因為「男人的聲譽在女人的眼裡，猶如一朵光彩照人、遮醜掩疵的紅霞」。

學識一如浩瀚的大海，無邊無際，在不同的人身上，學識閃耀的光芒也不一樣。培根說過：「讀史使人明智，讀詩使人靈秀，數學使人周密，哲理使人深刻，倫理使人莊重，邏輯修辭使人善辯。」學識淵博的人，他的知性魅力如光束交叉匯聚，令人矚目；即使是偏於某一方面的學識，其知識的豐富也可以吸引別人。

學識、才華屬於知性魅力，而最為恆久和耀目的是智慧。據記載，古希望哲學家蘇格拉底是個塌鼻樑、容貌醜陋的人，而且衣衫不整，形象落寞，更沒有「智者」、「哲人」的風度，當時卻有許多人被他所吸引，真誠、熱烈地追隨著他，即使是他的身體化作塵埃、隨風散去，可他的智慧魅力卻長久存在，並且影響著一代又一代的人。

古人說：「腹有詩書氣自華。」意思是，知識能夠讓生命進入更深刻的內層，使心靈放出奕奕神采，因而使人的氣質與風度顯現出來。寥寥七個字，足以揭示知識與人文氣質、風度之間的關係。

今人說：喧囂的都市裡已經容不下一張平靜的書桌了。是的，在這個電視、遊戲、速食充斥的世界裡，要靜下心來與書香為伴，的確很難。但正因為難，做到的人便能夠鶴立雞群，引人注目。

■ 感受音樂之美

有人說：「品味音樂的感覺，像三月的清晨——不知名的花在田野中開放，淡淡的清香從花蕊中靜靜地散發出來，帶著一絲涼意，沁入肌膚，沁入骨髓，沁入心靈；像六月的暴雨——在電閃雷鳴中，傾盆而下，而心就像決堤的江河，在廣闊的原野上激情地奔流；像九月的和風——心就像風鈴一樣，被旋律的風柔柔地吹動，發出清脆的聲音，溫柔地在空曠的山谷中迴響，漸漸地消失，留下一點若隱若現的尾音；像冬日晶瑩的世界——一切的嘈雜、喧囂都已遠離，厚厚的雲低低地壓在天空，松柏莊重地肅立。」

沉浸在這樣的音樂中，你一定會感到無比幸運，因為你有機會觸摸到那麼多偉大的心靈，聆聽到他們吐納的氣息，感受到他們的歡樂、苦難、求索、苦悶、期盼、等待……感受到他們與命運的搏鬥，與世俗的搏鬥，與自己的軟弱、困惑、猶豫、畏懼的搏鬥，感受到他們的生命每天面對的困境、每天對生命的感悟、每天背負的十字架。

時間像水一般流去，心中的記憶漸漸逝去，過去的快樂和憂傷也褪去了鮮活的色澤。音樂的感覺卻能時常縈繞在心頭，無法抹去。

理解音樂，感受它的美，培養這種感受是重要的，它可以激發自我表現的欲望。在音樂欣賞中，透過藝術的感染，可使我們感受美、創造美、以美豐富生活。

精神飽滿，生氣勃勃

男人就要有個男人的樣子。「像個男人」有很多標準與條目，其中精神飽滿、生氣勃勃是要點之一。沒有人喜歡那些溫溫吞吞、提不起精神的人，不管你是出於何種原因。沒有一個女孩喜歡上一個整天提不起精神的男人，沒有哪一個老闆願意提拔一個精神委靡不振、牢騷滿腹的員工。特別是對於三十歲的男人來說，正是人生的最好年華，怎能沒有陽光與陽剛之氣？

有一種很恐怖的精神鴉片，它的名字叫「委靡不振」。一個人如果染上了它，那麼他的行動必然緩慢，臉上必定毫無生氣。他的身體看上去就像沒有骨頭一樣，渾身軟弱無力，彷佛一碰就倒，整個人看起來總是糊裡糊塗、呆頭呆腦、無精打采。如果自己整天精神不振、意志消沉的話，那麼自己就會越活越沒有意思。生活的繁瑣，人生的挫折，煩惱的纏繞，災難的打擊，這些並不可怕。可怕的是自己心田的枯萎，會使自己產生萬般無奈的感覺，導致自己進入時時無精打采、委靡不振的消極狀態。試想，這樣的人的風度在哪裡？前途在哪裡？

委靡不振的男人並非天生就是這樣，他們的委靡一般是來自於後天的屢戰屢敗。曾經豪情壯志，被現實的砂輪逐漸打磨得失去了稜角與光彩……生活不可能沒有煩惱，人生不可能沒有磨難，生命不可能沒有危險，只要自己總是保持積極的心態，那麼就會每天感覺到幸福和快樂。同樣的事情，同樣的日子，以不同的心態來處理，效果就不大一樣。不論一個人的處境再怎麼艱難，自己也一定要振作起來，不能自己先擊倒自己。越是消極的生活，越會感覺人生很糟糕，生命很不幸。

有一次，美國一位部長問比爾蓋茲：「我在微軟參觀時，看到每一個員工都生龍活虎，意氣風發。你們是如何創造這樣的企業文化的？」比爾蓋茲回答：「我們僱傭員工的前提是，這個員工對軟體開發是有熱情的。」這是微軟成功的必要前提。

如何培養生龍活虎的熱情呢？其要點有三：選你所愛——不必太在意別人或社會是否看重，用但丁的名言說，就是「走自己的路，讓別人去說吧」；愛你所選——當你沒有選擇或不容易改變現狀時，「愛你所選」的嘗試加上積極樂觀的態度，會幫你找到光明之路；忠於興趣——一旦培養了自己的興趣，就一定要珍惜並全力以赴，勇敢執著地堅持下去，一定會有所收穫。

不但在工作中要朝氣蓬勃，在生活中也要有聲有色。閒暇時多參加一些運動與活動，展示出自己的陽光與朝氣。三十歲的男人是一隻壯年的老虎，理當虎虎生威。

彬彬有禮，優雅有加

歌德曾經說：「彬彬有禮是一個人最美麗的飾物。」的確，一個人的言談舉止能否合乎禮儀，顯示出其修養的高低，是組成風度之花的一片花瓣。彬彬有禮的男人，身上散發著高雅的氣質與紳士風度。

古人云：「先學禮而後問世。」學些什麼禮呢？彬彬有禮的態度又是怎樣的呢？沒有人生下來就懂禮，家庭、學校、社會，逐漸教導我們成為一個具有彬彬風度的人。

學習禮節雖不是一件難事，但要做到處處講禮節倒也是一件不容易的事。因為禮節不等於一套公式，並不等於「鞠躬如也」。禮節在一定程度上反映了一個人的道德修養。因此，我們隨時隨地都要注意自己的言談舉止。有位朋友說得好：「要學習禮節，最好是從公共場合待人接物做起。」此話說得真是恰到好處，禮節原是人類社會生活中共守的東西，大家都講究禮節，人們相處就會更融洽、更友愛、更和睦、更團結起來，就像一個大家庭一樣。

有許多人能夠在社交場合中講求禮節，而且顯得彬彬有禮、溫文爾雅，但是當他在公共場所中，卻顯得粗魯和蠻橫，爭先恐後，唯恐吃虧。我們在搭乘公共汽車和火車時都可以見到這種現象，人們一窩蜂地上車而把老弱婦孺擠在一邊；在車輛上也蠻橫地霸坐一方，對老弱視而不見……這種人儘管是社交場合中的君子，社交能手，但由於他只講個人利害得失，因此，可以說他在社交場中的禮節是虛偽的。禮節不是為表演用的，而是日常生活中，展現人與人之間相處的精神。一個人能夠做到處處講禮節，那麼，當他出現在任何社交場合也絕不會失態。

人是有感情的動物，因此，當受到別人尊重時，自然會感到快樂；當受到別人輕視時，自然就會覺得氣惱。不管在任何時代，這種導致人與人相處的關係始終不變，這是人類的通性。而促使這種關係相處圓滿的最好方法，就是「禮」。它代表尊敬、尊重、親切、體諒等意義，同時，也是個人的修養的展現。

中國人普遍較西方人含蓄，因此，特別講究禮節。由於太重視繁文縟節，以至於有些人對「禮」的認識發生偏差，他們以為只有對長輩、上司，或想討好對方時才講禮節，對晚輩或自己沒有利害關係的人，就可馬虎。

禮節要從細處做起，從平常做起。要將彬彬有禮變成一種習慣，不能等到重要場合才想起來用一下，臨陣磨槍的「禮」很難周全，也影響到你社交的從容。你不妨想一想：在平常的場合，是否經常說「謝謝你」、「麻煩你」、「請你」、「對不起」之類的詞，是否遇見熟人主動打招呼問候……這類小事，正是鍛鍊與檢驗一個人是否彬彬有禮的捷徑。

必須重視「封面設計」

如果一個人是一本書，那麼這個人的穿著便是書的封面。一本書若有設計良好的封面，可以吸引讀者產生拿起並閱讀的欲望；同理，一個穿著有魅力的人，也會吸引其他人與之交往。

現代社會中，個人的著裝已經成為一個人的社會地位、經濟狀況、內在修養及氣質的集中展現。

不要以為穿什麼無所謂，怎麼穿也無所謂。服裝發展到了現在，可以說是一種無聲的交際語言。它能告訴人們你的品味如何，身分如何及性格怎樣等。所以，男人在提升自己的魅力時，一定要高度重視穿著。

適當的穿著形象會為你的事業成功造成推波助瀾的作用。對於人生正在漸入佳境的三十歲男人來說，能用形象的魅力，為自己創立一個無愧於「精品」的形象，以確立自己穩固的位置，是一件值得下點工夫的事。

對於那些在傳統行業中從事工作的人們，如銀行、保險、金融、會計、律師業，或者那些從事現代企業營銷等與社會群體、個體接觸的工作者，更應該精心地策劃、設計自己的形象。對於那些追求成功的人，創立一個可信任的、有競爭力、積極向上、有時代感的形象，無論是在什麼群體中都能獲取公眾的信任因而脫穎而出。

別以為經常以休閒裝出現在公眾視野的比爾蓋茲不注重著裝。事實上，比爾蓋茲就非常注重自己的形象，他甚至曾經請專家對自己的形象進行過設計、包裝與宣傳。在一九九一年，比爾蓋茲在拉斯維加斯首次發表演講時，為了使自己以更好的形象出場，使自己的演講產生巨大的影響與傳播力，他甚至專門請來了形象專家為自己的著裝作指導。

比爾蓋茲演講時，令那些熟悉他的人都非常吃驚，只見比爾蓋茲一改往日懶散隨意的形象，穿了一套非常得體的黑西服。儘管他很多天生的東西，如他那尖銳的嗓音無法改變，但絲毫沒有影響到他的良好形象。結果，這場主題為「訊息在你的指尖上」的演講傳遍美國，獲得了巨大的成功，而比爾蓋茲的形象魅力值也迅速得到了提升。

著名哲學家笛卡兒曾說過，最美的服裝應該是「一種恰到好處的協調和適中」。至於著裝的具體細節，本書限於篇幅不作探討，有心了解的讀者可以透過其他讀物與媒體來學習。

第六章　重視口才在人生中的作用

每個正常人，從咿呀學語起，到壽終正寢止，幾十年的光陰中，不知道要說多少話。朱自清在〈說話〉一文中說：「人生不外言動，除了動就只有言，所謂人情世故，一半是在說話裡。古文《尚書》裡說，『唯口，出好興戎，』一句話的影響有時是你料不到的，歷史和小說上有的是例子。」

是的，歷史上有太多關於口才有巨大影響力的例子。戰國時期，口才大師蘇秦與張儀，一縱一橫，皆詞鋒銳利，議論透闢，推事論理，切中時弊。他們「一怒而諸侯懼，安居而天下息」，可謂憑口才而縱橫天下。近現代的諸多偉人，亦同樣皆具備了縱橫天下的口才，華盛頓、林肯、羅斯福，何人不是雄辯高手？

無論是古時還是當今，國與國、人與人之間的利益競爭和關係衝突都是永恆的；無論職場商場，還是情場交際場，人們每時每刻都處在各種撲面而來的問題和麻煩之中。解決衝突和問題，不能簡單依靠戰爭和暴力手段，或魯莽和輕率的行為，而要依靠頭腦智慧和口才利器。

三寸之舌，強於百萬雄兵；一人之辯，重於九鼎之寶。對於身懷口才利器的高手，能在對人性深刻把握的基礎上，熟練駕馭說話技能，談笑之間就能挽救一個國家的尊嚴和利益；能在清晰地看出事物本質和事件利害關係的前提下，運用語言的強大威力，遊刃有餘地解決問題，化解危機。口才是否高超，關乎一生成敗。如果說知識是人生的財富，那麼口才就是人生的資本！

三十歲的男人，檢視一下你的資本裡，是否有高超口才。如果沒有，趕快修煉！

好口才有多重要

什麼叫好口才？一句話：在恰當的時機，對恰當的人，說恰當的話。要做到這三個「恰當」，並不是一件容易的事。我們天天說話聊天，不見得熟能生巧，個個練出好口才。許多人說了一輩子話，沒有說好過幾句話；一些人就憑幾句好話，千百年來讓人津津樂道。

古龍說：「有人的地方，就有江湖！」在武俠世界裡，俠客們依靠武功行走江湖；在現實世界裡，我們要靠口才縱橫天下。上乘的口才高手，能夠把一張嘴變成解決困難和成就大事的殺手鐧。那些口才好的人——

■能找到好工作

美國青年哈蒙去西部礦業公司謀職，被該公司老闆哈司托當場拒絕。哈司托拒絕的理由很古怪：「我不喜歡你的理由就因為你在佛萊堡做過研究，你的大腦裡我想一定裝滿了一大堆傻子一樣的理論。因此，我不打算聘用你。」

原來，這個老闆是個白手起家的實做家，沒有讀多少書，但工作經驗極其豐富。在長期的工作實踐中，老闆形成了對學院派很深的偏見。而哈蒙，很不幸，他不僅是美國耶魯大學高材生，還在德國佛萊堡大學攻讀了三年碩士。

剛剛學成歸來的哈蒙聽了，裝出膽怯的樣子，小聲地對哈司托說：「如果你不告訴我的父親，我就告訴你一句實話。」哈司托覺得有點意思，便向哈蒙保證嚴守祕密。

哈蒙得到了承諾，左看看右看看，好像生怕別人聽到似的，這樣說：「其實在佛萊堡幾年，我一點學問都沒有學到，我天天在外打工，想多賺點錢，並多累積點實際經驗罷了。你可千萬別把這個祕密告訴我父親！」

哈司托聽了，忍不住哈哈大笑，高興地說：「好！這很好！我就需要你這樣的人，那麼，你明天就來上班吧！」

是什麼導致哈司托前後態度的大轉變呢？是哈蒙的話。那麼哈司托真的相信哈蒙那個所謂的「祕密」嗎？當然不是。哈司托只是覺得這個年輕人很有意思，很聰明。而哈蒙面對哈司托滿腦子的偏見，用一句巧妙的話來表達自己尊重老闆的意見(偏見)，維護了老闆的自尊，同時也顯示出自己過人的機智與幽默。試想一下：如果哈蒙換一種說話方式，據理力爭，其結果無疑是雙方不歡而散。

■ 能瀟灑走職場

經理宣布了一份新的業績考核制度，對薪資構成有了一個很大的改革，引起了公司業務部不小的震動。業務部裡的人為此議論紛紛，總的來講是多數贊成少數反對。正在大家踴躍各抒己見之時，經理走了進來。大家頓時住嘴，各忙各的活。經理當然知道這些人在討論什麼，他想借這個機會整一整反對他的人。於是，他當著大家的面，問資歷最淺的業務員小趙：「小趙，對於新的業績考核，大家的看法如何？」

「經理，有的贊成，有的反對。」小趙回答。

「哦？那你的態度是……」經理設下了套子。

「經理，我贊成同事們的看法。」小趙不卑不亢地避開了陷阱。

小趙的回答很高明。首先，在經理問「大家的看法怎樣」這個問題時，小趙選擇了基本如實的匯報，即「有的贊成，有的反對」。但他沒有畫蛇添足地具體說明「多數贊成」和「少數反對」。他如果說得太具體了，勢必招來反對方的怨恨。接下來，面對經理設下的套子：「你的態度是……」小趙更是不敢怠慢。我們姑且不論他的態度如何，總之不論他答「贊成」還是「反對」，都會招來一些同事的怨恨。而且，他若回答贊成，難免有人懷疑他拍馬逢迎；若說反對，正好被經理抓個現行殺雞儆猴。所以，他用「我贊成同事們的看法」這個模糊語言，輕易地化解了危機。

經理本來想透過小趙明確的表態來藉題發揮，但沒有如願。於是又生一計，開門見山：「剛才「哪些人贊成，哪些人反對？」小趙被逼得沒有退路了，只得把頭轉向同事們，問：「剛才是哪些人贊成？」將燙手的山芋丟開卻不露絲毫痕跡，不留絲毫把柄。

也許有人會擔心：這樣的回答會不會惹惱經理？我想這個擔心是多餘的，聰明善談的人誰都喜歡，隨便「出賣」同事的人最多只是被上司利用一下，並得不到上司真正的青睞，因為這樣的人說不定在哪一天也會把上司、把公司利益給出賣了呢？更何況，作為業務部門更需要這種精於權衡、善於說話的人才。

■能抱得美人歸

在追求愛情的道路上，口才好的男人占了先機。他們更懂得如何用語言來打動心儀的女性，來取悅對方，因而贏得對方的青睞。

一個普通的年輕軍官，在一次酒會上看中了一個美麗的女孩。酒會結束後，軍官請求這位女孩讓他送她回家。女孩答應了，坐上了軍官的車。

軍官問了女孩的住址後，就發動車子上路。他們的車在小城的街上閒逛了一個多小時，才終於把女孩送到家。其實，女孩的家就在附近不遠，只需要十多分鐘車程。

下車時，女孩隨口問：「你來這裡沒有很久吧？對於這個城市的路，你好像還很陌生。」

「不，我對這個城市的路非常熟悉。如果我不熟悉，怎麼能夠開一個多小時的車，卻一次也沒有經過妳家的門口呢？」軍官微笑著說。

多麼巧妙而又聰明的求愛暗示！清晰地傳遞出了一見傾心的愛慕，卻婉轉沒有絲毫唐突、圓滑得沒有半點生硬。要對這樣的人不產生好感，真是很困難。

這位美麗的女孩，後來嫁給了那位軍官。那位軍官，後來成為美國赫赫有名的五星上將。他的名字叫：小喬治．卡特萊特．馬歇爾（George Catlett Marshall, Jr.）。

口才好的人不僅能夠抱得美人歸，還能在「歸」後把日子過得和和美美。誰願意整日和一個不太說話，說錯話，說胡話，說假話、空話、套話的人生活呢？

■能反敗為勝

在美國南北戰爭之後的一次競選中，參加過戰爭的一位士兵約翰．愛倫和參加過戰爭的陶克將軍競選國會議員。陶克將軍在戰爭中功勛卓著，戰後曾任過三次國會議員，而愛倫則顯然處於劣勢。然而經過一場競選辯論後，愛倫卻擊敗陶克取得了勝利。我們來看看愛倫是如何做到的。

陶克將軍在競選時說：「諸位同胞們，記得就在十七年前的今天晚上，我曾帶兵在這座山與敵人激戰，經過激烈的血戰後，我在山上叢林裡睡了一個晚上。如果大家沒有忘記那次艱苦卓絕的戰鬥，請在選舉時，也不要忘記那吃盡苦頭、餐風露宿而屢建戰功的人。」陶克將軍列舉自己的戰績，想喚起選民們對他的充分信任。果然激起了一陣掌聲和歡呼。

輪到愛倫演說了，他用低緩深沉的聲音說：「同胞們，陶克將軍說得不錯，他確實在那次戰爭中立了奇功。我當時是他手下的一名無名小卒，替他出生入死，衝鋒陷陣。這還不算，當他在叢林安睡時，我還攜帶著武器站在荒野之上，來保護他。」他的語音一落，立即引起了選民們更加熱烈的掌聲。

愛倫身為一個參戰的小兵，要和將軍比戰功顯然會處於劣勢。所以愛倫避開戰功不談，只選取了戰爭年代在山上露宿這一個小小的片段。透過這個片段，他讓選民們明白了將軍赫赫戰功其實是由千萬個和自己一樣默默無聞的小兵匯成的。他還用事實說明了在戰爭年代小兵們，比將軍更艱辛與危險。顯然，這些話更能打動同樣默默無聞的選民們的心。而更巧妙的是，他的話中沒有半句詆毀將軍戰功的詞。

看了以上這些鮮活的例子，你一定體會到了好口才的巨大作用了吧？事實上，良好的口才還能增加一個人的自信，最佳化一個人的性格。一個人在別人面前、在眾人面前，若能夠清晰準確、生動形象地表達出自己的思想和意念，這個人的自信心必定會大增，性格也會越來越溫煦與美好。

以理服人兼用情感人

做人要懂道理，還要善於將道理講出來。三十歲的男人，說起話不能再像小青年一樣咋咋忽忽、天南地北、不得要領。三十歲的男人一般不太多話，更多的時候是在專注地傾聽，腦子飛轉，卻不會輕易顯示於臉部表情。他們能準確抓住問題的利害，條分縷析、一針見血。

漢高祖劉邦在打下江山後，喜歡到皇家園林上林苑打獵消遣。上林苑占地很大，身為丞相的蕭何向劉邦建議將苑中的大片空地劃讓給老百姓耕種。劉邦一聽，大為光火，認為蕭何膽大包天居然要來動皇家腳下的土，一定是接受了老百姓的大量錢財，才這樣為他們說話辦事的。於是蕭何被捕入獄，同時接受審查準備治罪。就在這緊要關頭，劉邦旁邊的一位年輕侍衛官上前向劉邦進言：「陛下是否還記得當年楚漢戰爭以及後來剷除叛軍的時候嗎？那幾年，皇上在外親自帶兵討伐，只有丞相一個人駐守關中，關中的百姓非常擁戴丞相。假如丞相稍有利己之心，那麼關中之地就不是陛下的了。您認為，丞相會在一個可謀大利而不謀的情況下，去貪百姓和商人的一點小利嗎？」沒有風險的大財不去貪，當然不會冒風險去貪圖一點小利，這就是「理」。

侍衛官的話簡短，卻從楚漢戰爭時期談到當下。簡短的幾句話，句句擊中要害。劉邦儘管心裡有火，但也不得不承認侍衛官說得在理。於是當天便下令赦免蕭何。

綜觀侍衛官的進言，言簡意賅、有條有理、邏輯嚴密。我們在說理時，也要做到一件一件來、一條一條說，切不可東扯葫蘆西扯葉，讓人聽了迷惑不解。此外，不管引證了多少事實、典故，多少知識，都要納入邏輯的軌道，才能具有無可辯駁的說服力。離開了邏輯規則，再生動的事例，再迷人的故事，你的聽者都可能無動於衷。我們只有用邏輯的法則，把要表述的思想、事例、典故等材料有機地整合起來，組成很有邏輯性的講話，才能達到正面說理的目的。

以理服人，建立在人是一個理性動物的基礎之上。但同時人還是一個感性的動物，理性與感性交織在一起，組成了一個完整的人。

有一句話叫「問蒼天情為何物，直叫人生死相許。」這話裡的「情」，很多人理解為愛情，其實是片面的。人類一切美好的情感，都具有無窮的力量。「男兒有淚不輕彈，只因未到傷心處」，說的就是情感的力量。再硬的漢子，在真情面前也要被軟化。因此，在與人溝通中，除了要善於使用能闡明觀點的話語外，還要懂得以情動人，多使用具有情感交流作用的詞語來舒緩氣氛、溝通心靈、理順情緒。

其實，人與人之間在絕大多數時候沒有什麼原則性的衝突，一味地拘泥於「擺事實，講道理」，難免小題大作，適得其反。被道理說服的人，是在「道理」的制約中按照你的想法去做。而被你的情感打動的人，是在「內心」的呼喊中按照你的想法去做。前者是，我必須那樣去做，否則就是不講道理；後者是，我必須那樣去做，否則就是沒有良心。兩者之間沒有高下之分，只是技藝不同而已。有的人吃硬（理），有的人吃軟（情），如此而已。

法國企業家拉蒂艾專程來到印度首都新德里，打算找拉爾將軍談一樁飛機銷售的大買賣。

拉蒂艾在新德里幾次約拉爾將軍洽談，都沒能如願。最後總算逮著通話機會了，但拉蒂艾隻字不提飛機合約的事，只是說：「我將到加爾各答去，這只是專程到新德里以私人名義來拜訪將軍閣下，只要十分鐘，我就滿足了。」拉爾勉強地答應了。

祕書引著拉蒂艾走進將軍辦公室，板著臉囑咐說：「將軍很忙！請勿多占時間！」拉蒂艾心想，太冷漠，看來生意十有八九要告吹了。

「您好！拉蒂艾先生！」將軍出於禮貌伸出了手，想三言兩語把客人打發走。

「將軍閣下！您好！」拉蒂艾表情真摯、坦率地說：「我衷心向您表示謝意……」

將軍感到莫名其妙。

「因為您給了我一個十分幸運的機會，在我過生日的那一天，終於又回到了自己的出生地。」

「先生！您出生在印度嗎？」將軍微笑了。

「是的！」拉蒂艾打開了話匣子，「一九二九年三月四日，我出生在貴國名城加爾各答。當時，我的父親是法國歐爾公司駐印度代表。印度人是熱情好客的，我們全家的生活得到了印度人民很好的照顧……」

拉蒂艾動情地談了他對童年生活的美好記憶：「在我過三歲生日的時候，鄰居的一位印度老大媽送我一件可愛的小玩具，我和印度的小朋友一起坐在大象背上，度過了我這一生中最為開心快樂的一天……」

拉爾將軍被深深感動了，當即發出邀請說：「您能來印度過生日真是太好了，今天我想請您共進午餐，以示對您生日的祝賀。」

汽車在開往餐廳的途中，拉蒂艾打開公事包——不，不是飛機銷售的合約樣本，而是一張顏色已經泛黃的照片。拉蒂艾莊嚴肅穆地地雙手捧著照片，恭恭敬敬地展示在將軍面前：

「將軍閣下，您看這個人是誰？」

「這不是聖雄甘地嗎？」

「是呀！您再瞧瞧左邊那個小孩，那就是我。四歲時，我和父母一起回國，在途中很幸運地和聖雄甘地同乘一艘輪船，這張合影照就是那次在船上拍的，我父親一直把當它當這世上最珍貴的禮物珍藏著。這次，我要去拜謁聖雄甘地的陵墓……」

「您對聖雄甘地和印度人民的友好感情，令我深表感謝！」拉爾說。

自然，午餐的氣氛是極為融洽的。

當拉蒂艾告別將軍時，這宗大買賣已經成交了。

試想，如果拉蒂艾一見拉爾將軍，就大談飛機業務，縱使他將道理講得頭頭是道，可能也談不成這筆大買賣。

三十歲的男人，是一個理性與感性的完美結合體，他們清楚地知道什麼時候該用理性的言辭、什麼時候該用感性的話語。而頻道轉換的開關，始終在自己手裡。

幽默的男人最可愛

曾經有一份針對女性朋友的調查問卷：如果限定在孫悟空、沙僧、豬八戒三師兄中找情人，你願意找誰？調查的結果讓人大跌眼鏡，大多數的繡球不是拋給了神通廣大的孫悟空，也沒有拋給老實憨厚的沙和尚，而是又懶又笨兼奇醜無比的豬八戒！

女士們的理由很簡單：豬八戒幽默，有情趣。有人說，女人靠優雅取勝，男人靠幽默取勝。這話還真有幾分見地。優雅的女人風姿綽約，幽默的男人風度翩翩。有人說，笑是兩人之間最短的距離。會心一笑，可以拆除心與心之間的戒備；超然一笑，可以化解人與人之間的隔閡；開懷一笑，可以放鬆身心——這就是幽默談吐在人際交往中的巨大作用。一個具有幽默感的人，能時時發掘事物有趣的一面，並欣賞生活中輕鬆的一面，建立起自己獨特的風格和幽默的生活態度。這樣的人，容易接近；這樣的人，使接近他的人也分享到輕鬆愉快的氣氛；這樣的人，更能增添人的光彩，更能豐富我們生活的這個社會，使生活更具魅力，更富藝術。

誰不喜歡富有幽默感的人呢？即便是沒有幽默感的人，對於幽默的人大概也是欣賞與喜歡的吧？因為任何人的內心都喜歡陽光與歡樂，而具有幽默感的人，他們身上總是散發著陽光與歡樂的氣息。

馬克·吐溫曾經說：「讓我們努力生活，多給別人一些歡樂。這樣，我們死的時候，連殯儀館的人都會感到惋惜。」馬克．吐溫的話既有幽默感，又富有哲理。另一個美國名人麥克阿瑟將軍，他在為兒子所寫的祈禱文中，除了求神賜他兒子「在軟弱時能自強不屈，在畏懼時能勇敢面對自己，在誠實的失敗中能夠堅忍不拔，在勝利時又能謙遜溫和」之外，還向上帝祈求了一樣特殊的禮物——賜給他兒子以「充分的幽默感」。可見，幽默是多麼值得擁有與追求。

誰沒有過尷尬的時候呢？面對尷尬，你如何面對呢？這時你一定要鎮定機智，千萬不能大亂陣腳，要利用自己的聰明才智說上幾句幽默的話，幫你走出困境，解除窘相，展示風采。

馬克．吐溫心不在焉的毛病是很出名的。一天，馬克．吐溫外出乘車，當列車員檢查車票時，馬克．吐溫翻遍了每個衣袋，都沒有找到。

這個列車員認識他，就對馬克．吐溫說：「沒有什麼大關係，如果實在找不到，就補一張吧。」

「補一張？說得輕巧！如果我找不到那張該死的車票，我怎麼知道我要到哪去呢！」

馬克．吐溫的一席話，既活躍了氣氛，又為自己找不到車票作了一個巧妙而又合理的解釋：是健忘而非故意逃票。

維特門是哈佛大學畢業的著名律師，後來當選為州議員。有一次他穿著普通的服裝走進波士頓某旅館，被一群紳士淑女在大廳裡看到了並戲弄他。維特門對他們說：「女士們，先生們，請允許我祝願你們愉快和健康。在這前進的時代裡，難道你們不可以變得更有教養、更聰明些嗎？你們僅從我的衣服看我，不免看錯了人，因為同樣的原因，我還以為你們是紳士淑女呢，看來，我們都看錯了。」在尷尬的場合，幽默再次上場，不僅捍衛了自己的尊嚴，還非常有風度地回敬了別人的無禮。

在社交場合，說話帶些風趣和幽默，更能展現出一個人的修養和禮儀，也表示出其獨特的風度。

譬如，在一次盛大招待宴會上，服務生倒酒時，不慎將酒灑到了坐在邊上的一位賓客那光亮的禿頭上。服務生嚇得不知所措，在場的人也都目瞪口呆，而這位賓客卻微笑著說：「老弟，你以為這種治療禿頭的方法會有效嗎？」會場中的人聞聲大笑，尷尬場面即刻打破了。借助「自嘲」，這位賓客展示了自己的大度胸懷。

有時，身邊的人提出一些你無法接受的要求，假若生硬地拒絕，就容易傷害彼此之間的感情，而運用幽默，則能使人避免這樣的情況發生。

在西奧多．羅斯福當選美國總統前，曾在海軍任要職。一天，他的一位朋友向他打探海軍在加勒比海一個小島上建立海軍基地的保密計畫。羅斯福向四周看了看，壓低嗓門說：

「你能保密嗎？」

「當然能。」朋友爽快地答應了。

「那麼，」羅斯福微笑地說，「我也能。」

幽默者大多有寬闊的胸襟與練達的智慧。有一次，俄羅斯大文豪托爾斯泰去火車站迎接一位來訪的朋友。在月臺上，他被一個剛下車的貴婦人誤認為是搬運工，便吩咐托翁到車上為她搬運箱包。托翁毫不猶豫地照辦了，貴婦人付給了托翁五個戈比。此時，來訪的朋友下車見到托翁，趕忙過來與他打招呼，站在一旁的貴婦人才知道這個為她搬行李的人竟是大名鼎鼎的托爾斯泰。貴婦人十分尷尬，頻頻向托翁表示歉意並請求收回那五個戈比，以維護托翁的尊嚴。不想托翁卻和藹地對貴婦人說不必道歉，並且無需收回那五個戈比，因為那是他應得的報酬。雙方的尷尬頓時化解在輕鬆的歡笑聲中。

莎士比亞說：「幽默是智慧的閃現。」與幽默相連繫的是智慧。三十歲的男人要想讓自己更幽默，需要從以下幾個方面努力：廣博的知識和深刻的社會經驗；敏銳的洞察力和想像力；高尚優雅的風度和鎮定自信、樂觀輕鬆的情緒；良好的文化素養和語言表達能力。

悄悄地在嘴上塗點蜜

三十歲的男人，要學會在嘴巴上塗抹一點蜜糖，多說讓別人感到受用的話。西方有句諺語說：「一滴蜜比一桶毒藥所捉住的蒼蠅還多。」人雖說不是蒼蠅，但在偏愛「甜」這一點上是共通的。西方心理學家威廉·詹姆斯說：「人性中最深切的稟質，是被人賞識的渴望」，人人都想得到別人的認可與誇讚。你若能巧妙得體地誇讚他人，定能俘獲他人的心。

在百老匯有一位喜劇演員，打拚了很多年，也沒有成就多大的名氣。他做夢都想成名，這樣，他的演出費就會高很多，也不必住在狹窄的房子裡了。

有一天晚上，他做了個夢，夢見自己成名了，一個星期能賺十萬美元。在夢中，他站在一個大劇院的舞台上，為坐滿劇院的觀眾表演喜劇。他表演得很賣力，但整個表演過程中他聽不到一絲笑聲，謝幕時全場也沒有一個人鼓掌。

「即使一個星期能賺上十萬美元，」他說，「這種生活也如同下地獄一般。」

說完後，這個演員就醒來了。

沒有肯定與讚揚的演員，賺再高的演出費也如同下地獄。在人生的舞台上，如果沒有讚揚、掌聲的鼓勵，我們的生活也會如同地獄。你需要讚美，別人亦然。讚美他人是一種美德。

讚美不是光是揀好的說那麼簡單，首先要符合最基本的事實。這種完全背離事實的讚美，根本取不到正面的效果，相反還有負面作用。

在符合基本事實的基礎上，我們要提高讚美本領就需要學會獨闢蹊徑。人云亦云的讚美雖然也是讚美，但也最多是聊勝於無的讚美而已。想做讚美高手就要努力從別人所看不到的地方下手。愛因斯坦就這樣說過，別人讚美他思維能力強，有創新精神，他一點都不激動，身為大科學家，他也聽膩了這樣的話，但如果讚美他的小提琴拉得不錯，他一定會興高采烈。

不要相信有不喜歡「奉承話」的人，而疏於對某些人的讚美。曾國藩是個剛強堅毅的狠角色，同時飽讀詩書，又是一個不折不扣的道學家，為人有點古板固執，善於識人相人。這樣的人，是軟硬都不吃、只認死理的人。曾國藩對於別人的奉承非常不屑，別人要想透過美言來討好他以獲得重用幾乎不可能。但他也有過被灌迷湯的時候。

有一次，曾國藩與幾個幕僚閒談，討論「誰是當今英雄」的話題。曾國藩說：「彭玉麟與李鴻章均為大才之人，我曾某有所不及。」一幕僚說：「您與他們二位各有所長，彭公威猛，人不敢欺；李公精明，人不能欺。」說到這，他打住了話頭。曾國藩好奇地問：「難道你們認為我好欺？」眾人沉默，突然一個後生走出來說：「曾帥仁德，人不忍欺。」眾人聞之，皆拍手稱此言甚是，曾也很滿意。對後生說：「你乃大才，不可埋沒。」不久，那後生被曾任命為鹽都運使。

「曾帥仁德，人不忍欺。」這話不露痕跡地直入曾國藩的內心深處，將其胸中鬱結的愁悶熨得服服貼貼。本來，飽讀聖賢書的曾國藩一心想做一個儒雅的仁者，但長期的征戰生涯裡搏來卻是「曾剃頭」式的冷血頭銜。曾國藩心裡當然鬱悶，這句因「欺」而來的讚譽之語，當然令曾帥大為受用，可謂「撓到了癢處」。而且，在境界上，「不忍欺」顯然要比「不敢欺」和「不能欺」高出不少。

讚美應該貫徹到我們的日常生活之中，使其成為我們的一種習慣。我們在每天所到之處，不妨多說幾句肯定別人的話、讚美別人的話，播下一些友善的種子。看到朋友買了一件新衣，不要忽視。稱讚一下穿上去很合身、很精神、很漂亮或者很酷。也可以打聽一下價錢，「遇貨添錢」的傳統讚美手法，永遠都不會過時。

不要說別人身上沒有值得讚美的地方。世上沒有完美的好人，同樣也沒有萬惡的壞人。只要你願意，總是能夠在別人身上找到某些值得稱道的東西，也總是可能發現某些需要指責的東西，這取決於你尋找的是什麼。任何事物都有兩面性，明白了這個道理，你就能從別人身上所謂的缺點中找到值得讚美的突出優點——

對熱衷鬥嘴的人，可以說：「你說話很有邏輯。」

碰到喜歡囉唆的人，可以說：「你很細心！」

面對敏感的人，可以說：「你有藝術氣質。」

對於頑固的人，你可以說：「你很好，是一個有信念的人。」

對女性，胖的可說「豐滿」，瘦的可說「清秀」，身段好的可說「苗條」，多言好動的可說「活潑開朗」，沉默寡言的可說「文靜莊重」等。

對男性，高大的可說「魁梧」，瘦小的可說「精悍」，講究儀容的可稱「帥」，比較隨便的可以說「瀟灑」，性格內向的可說「穩重」，比較衝動的可說「果斷」。

該開口時就開口

和珅這個人我們大家都知道，近年來充斥螢幕的清宮戲裡，和珅經常以奸臣的形象粉墨登場。和珅是乾隆皇帝身邊紅得發紫的人。他走進乾隆的圈子裡，和他無與倫比的口才有很大的關係。我們在此僅舉一例。和珅最初還只是皇帝鑾輿、儀仗的侍衛（相當現在的司機），有一次，乾隆皇帝出宮之際，負責出行的「司機」們倉猝間找不到御用的黃龍傘蓋。乾隆很生氣，借用《論語》上的一句話發問：「是誰之過歟？」在場者面面相覷，不知如何回答。年輕的和珅站出來響亮地回答：「典守者不得辭其責。」

乾隆皇帝聽了很吃驚，因為《四書》上對上句話的註解是：「豈非典守者之過邪？」這裡，和珅變通得自然貼切。乾隆皇帝是一個很愛才的人，當場就把和珅叫過去詢問。而和珅回答得很得體，很讓乾隆皇帝滿意。

就這樣，和珅透過這一句話獲得了乾隆皇帝的青睞，讓他總管儀仗隊。不久，又升為御前侍衛兼副都統，管理宮中的瑣碎事務。就這樣，和珅成了乾隆最貼身的人。再後來，他透過努力，變貼身為貼心。

和珅抓住時機的一句話，拉開了他平步青雲的序幕，其過人的口才值得我們學習。口才無罪，有罪的是他的貪婪。這一點我們要區別開來。

有些時機是突然出現的，就像乾隆皇帝發問的時機，完全要靠敏銳的眼光去捕捉，要靠高超的智慧去應對，要靠一定的膽量去接招。而有些機會要靠等待。時機不成熟，說出來的話的效果就會打很大的折扣。

戰國時安陵君在獲取封號前，只是楚王身邊的一個寵臣。一個叫江乙的門客勸導安陵君，說：「您對楚國沒有絲毫的功勞，也沒有骨肉之親可以依靠，卻身居高位，享受厚祿，人民見到您，沒有不整飾衣服、理好帽子，畢恭畢敬向您行禮的，這是為什麼呢？」安陵君回答說：「這不過是因為楚王錯愛我、提拔我罷了」。江乙說：「用金錢與別人結交，當金錢用完了，交情也就斷絕了；用美色與別人交往，當美色衰退了，愛情也就改變了。所以，愛妾床上的蓆子還沒有睡破，就被遺棄了；寵臣的馬車還沒有用壞，就被罷黜了。您現在獨攬楚國的權勢，可自己並沒有能與楚王結成深交的東西，我為您非常擔憂。」安陵君如夢初醒，急切地問：「那可怎麼辦呢？」江乙獻計：「您務必要向楚王表忠，請求能隨他而死，親自為他殉葬，這樣，您在楚國必能長期受到尊重。」安陵君說：「我一定聽從您的教導。」

安陵君明白了自己顯赫背後的危機後，整整三年沒有向楚王表忠。江乙看了很焦急，對安陵君說：「我和您說過要向楚王表忠的事，您也應承了，直到現在您還沒有行動，看來我只有離開這個危機潛伏的地方了。」安陵君勸其留下，說：「我何嘗不想表忠呢？但沒有找到合適的機會啊。」

正在安陵君為表忠的機會而苦惱時，機會終於來了。楚王到雲、楚地區去遊獵，安陵君有幸隨游。一路上車馬成群結隊，絡繹不絕，五色旌旗遮蔽天日。忽然一頭犀牛像發了狂似的朝車輪橫衝直撞過來，楚王拉弓搭箭，一箭便射死了犀牛。楚王隨手拔起一根旗杆，按住犀牛的頭，仰天大笑，說：「今天的遊獵，寡人實在太高興了！待我百年之後，又有誰能與我一道享受這種快樂呢？」安陵君聽了，淚流滿面地走上前對楚王說：「我在宮中有幸和大王席地而坐，出外和大王同車而乘，大王百年之後，我願隨因而死，在黃泉之下也做大王的褥草以阻螻蟻，又有什麼比這更快樂的呢！」楚王聽了非常感動，回宮後正式封他為安陵君，讓其有了自己的封地。

江乙太善於出謀劃策了，而安陵君又是何等善於利用時機。安陵君知道語言的效用取決於它所運用的語言環境，環境不一樣，效用自然也就不一樣。「好鋼要用在刀口上」，選擇有利的最佳時機，讓人看不出任何做作、謀劃的痕跡，自然而然，水到渠成，才能將話發揮最大效用。值得欽佩的是安陵君能夠為了一個時機而等待三年，真是「三年不鳴，一鳴驚人」啊。長長的等待需要勇氣、需要毅力，時機找不到，他就不開口。

我們說「該開口時就開口」，其中的潛臺詞無疑是「不該開口時就閉嘴」。夜路走多了，自然容易碰上鬼；說話說多了，自然容易嚼到自己的舌頭。曾國藩曾說過：「人生壞事的兩個因素，一是自傲，二是多言。多言生厭，多言招禍，多言致敗，多言無益。」身為男人，最忌諱的是如一個長舌婦人一樣喋喋不休。長舌婦很討厭，而長舌男更煩人。對於東家長西家短的是非之事，男人是不應該參與的，能躲開就躲開，實在不能躲開就哼哼哈哈打打太極拳。

《鬼谷子．本經符》中有云：「言多必有數短之處。」這就是成語「言多必失」的出處。為什麼言多必失，我們可以從兩個角度來分析這個問題。首先，任何一個人都客觀存在一定的語言失誤率，從機率的角度來說，「言」的基數越大，失誤的絕對數目就會越大；其次，言語過多，難免把時間與精力側重在了說上，給思考留的時間與精力過少，必然會增加語言的失誤率。

說話的藝術，同時也包含不說話的藝術。荀子說，說話而恰當是智慧，沉默而恰當也是智慧。西方也有一句名言：聰明的人借助經驗說話，而更聰明的人根據經驗不說話。依三十歲的男人的人生經驗，做個聰明人或更聰明的人，都不是難事。就算是難事，也要迎難而上。

人類的第一恐懼

三十歲的你，還像一朵羞答答的玫瑰，在社交場合靜悄悄地開？

女士羞答答，可以美其名曰淑女。男人羞答答，可沒有人稱你紳士。一九七七年，一本名為《列表之書》的圖書暢銷全美。其中，有一章的標題是〈人類的十四種恐懼〉。你知道排在第一的恐懼是什麼嗎？不是死亡（死亡排名第七），不是蛇蟲虎豹，居然是「在一群人面前講話」！

在一群人面前講話真有這麼恐怖嗎？在一次聚會中，我的一個朋友就某個話題說得很有見地。聊著聊著，同桌的人都逐漸被其話語所吸引，不再說話，安靜地聽著我朋友一個人「演講」。朋友開始沒發覺時還能侃侃而談，突然當他發現一桌人都在聽他說話時，一下子就亂了方寸，說話也開始結巴，言辭也沒有了原先的水準。本來能言善辯，但一到臺上面對眾人，或成為一群人關注的中心，語言表達能力就迅速下降。這是不少人身上的常態，相信類似的經歷，在不少讀者中有過，並且有些人還在延續著類似的故事。

三十歲的精品級男人，無論是在一大群人面前，還是在位高權重的大老闆面前，都能侃侃而談，不扭捏、不慌張、不緊張。這種落落大方的素養，是其能力的一個側面反映。一個做事業的男人，除非你做的只是成天枯坐書齋、潛心研究的工作，否則總離不開出色的語言才能作為助力。

如何克服「人類第一恐懼」呢？最近有位朋友和我開玩笑，說他是「嘴力勞動者」——他是某電視臺的主持人。他告訴我，其實在上大學前，他是一個不敢當眾說話也不善說話的人，他成為主持人，除了苦練流利的口語表達之外，還跨過了三個關卡。讓我們來看看他究竟跨過的是哪三個關卡？

■ 說話緊張的關卡

有些人在眾人面前說話時，表情十分不自然，除了容易怯場之外，還常常說出幾句自己也沒想到的不合適的話或詞彙，這令他們自己也大為吃驚。其實，導致這種現象出現的原因主要是缺乏心理準備和實際訓練，透過下列訓練法完全可以克服。

▼**努力使自己放鬆**：說話緊張的人大都是想要說話時呼吸紊亂，氧氣的吸入量減少，頭腦一時陷於痴呆狀態，因而不能按照所想的詞語說出來。

在某種意義上說，「呼吸」和「氣息」是一個意思，因而調整呼吸就是「使氣息安靜下來」。

說話時發生不正常情況通常是這樣的順序：怯場——呼吸紊亂——頭腦反應遲鈍——說支離破碎的話。因此調整呼吸會使這些情況恢復正常。

說話時全身處於鬆弛狀態，靜靜地深呼吸，在吐氣時稍微加進一點力氣。這樣一來，心就踏實了。此外，笑對於緩和全身的緊張狀態有很好的作用。微笑能調整呼吸，還能使頭腦的反應靈活，話語集中。

▼**練習一些好的話題**：在平時應酬中，我們可以隨時注意觀察人們的話題，哪些吸引人而哪些不吸引人？為什麼？原因是什麼？自己開口時，便自覺地練習講一些能引起別人興趣的事情，同時避免引起不良效果的話題。

▼**訓練迴避不好的話題**：哪些話題應該避免呢？從你自身來說，首先應該避免你不完全了解的事情。一知半解、似懂非懂、糊裡糊塗地說一遍，不僅不會給別人帶來什麼益處，反而給人留下虛浮的壞印象。若有人就這些對你發起提問而你又回答不出，則更為難

堪。其次是要避免你不感興趣的話題，試想連你對自己所談的話題都不感興趣，怎麼能期望對方隨你的話題而興奮起來呢？如果強打精神故作昂揚，只能是自受疲累之苦，別人還可能看出你的不真誠。

▼**訓練豐富話題內容**：有了話題，還得有言談下去的內容。內容來自於生活，來自於你對生活的觀察和感受。我們往往可以從一個人的言談看出他豐富的內涵及對生活的熾烈感情。這樣的人總是對周圍的許多人和事物充滿熱情，很難想像一個冷漠而毫無情致的人會興致勃勃地與你談街上正流行的一種長裙。

▼**訓練語言方式**：詞意是否委曲婉轉？話題是否恰到好處？言談是否中肯？是否把握要領？口齒是否清晰明白？說話是否不犯嘮叨瑣碎的毛病？說話音量大小是否適度？說話速度是否不急不緩？話中是否不帶口頭禪？說話是否簡潔有力？措辭是否恰如其分、不卑不亢？話中是否帶多餘的連接詞？說話是否真實具體？是否能充分表達說話目的？言談時是否能設身處地為對方著想？說話是否心無旁騖、專心一致？話中是否含有自我吹噓成分？是否自個滔滔不絕地說個不停？是否出口傷人？是否能真誠地與人寒暄客套？說話是否能參酌量情？是否能掌握說話技巧？是否能巧妙掌握說話契機？是否能專心一意地聽人說話？

雖然，我們在和人應酬交談當中，不可能時時都能使對方感到既愉快又有趣，但是訓練有素的談話方法的確能幫你贏得社交中給人留下的好印象。在公共場合與人交談是一種社會行為，像其他社會行為一樣，談話也有一定的規矩，要做個談話高手，都應該遵從。與人談話，哪些可說，哪些不可說，也都有很多講究。

關於這些，我們將其歸納為以下幾項：不談對方深以為憾的缺點和弱點；不談上司、同事以及一些朋友們的壞話；不談人家的祕密；不談不景氣、手頭緊之類的話；不談一些荒誕離奇、黃色淫穢的事情；不詢問婦女的年齡、婚姻、家庭財產等事情；不訴個人恩怨和牢騷；不述一些尚未明辨的隱衷是非；避開令人不愉快的疾病詳情；忌誇自己的成就和得意之處。

■ 羞怯怕醜的關卡

一說話就臉紅，一笑就捂嘴，一出門就低頭，這是那些天性羞怯者的共同表現。雖然屢下決心總是不能大見成效，怎麼辦呢？這裡有一張專治羞怯心理的社交處方，可作參考。

想像自己是完美的化身。這是許多名模、影星在表演之前慣用的技巧，這也同樣適用於工作職場，面對大客戶或提案前，先靜坐，心中默想曾有的愉悅感受，回想曾經聆聽的悠揚樂章，愈具體效果愈好。以擁有者的態度走入每間屋子，昂首闊步，抬頭挺胸，彷彿一切都在你的掌握之中。學習你所仰慕的人所有的美好特質，只要她（他）具備你所希望擁有的特質，都無妨模仿。

大膽表現自我，把自信心視為肌肉，需要定時持之以恆地鍛鍊，如果稍有懈怠，它很快會鬆弛。改善外表，換一套乾淨的衣服，去理髮店吹個髮型，這些辦法會使你覺得煥然一新，因而增強自信。

進行想像練習。想像自己正處在最感羞怯的場合，然後設想自己該如何應付。這樣在腦海裡把自己害怕的場合先練習一下，有助於臨場表現。

逐漸接近目標，可以減少焦慮。掌握害怕的根源和知道害怕時會有的生理反應，如冒冷汗或呼吸急促，當它們出現時你就可以透過一些放鬆的小技巧克服它。說話時語氣要堅定。沒有自信的人都有說話過於急促、細聲細氣的毛病。說話的訣竅在於音量適中、語調平穩、速度不緩不急，此舉顯示你對說話的內容信心十足，利用呼吸換氣時斷句，內容則顯得流暢有條理，切忌以疑問句結束陳述事實的語句，以免影響語氣的堅定。

專心傾聽別人的講話，例如在輪到你講話之前，先專心聽別人怎麼講。一來可以分心，不再一心掛念自己；二是當你講話時，別人也會專心聽你的。

多提「問答題」少提「是非題」，可以使你處於主宰的地位。技巧多加演練，如要出席一個舞會，就在事前先練習一下當前流行的舞步，可以減少到時出現的尷尬。

多找你不認識的人談話，如在排隊買東西時，多與人攀談。可以增加膽量和技巧，又不至於在熟人面前出醜。

要避免不利的字眼，如與其自己對自己說「我感到很緊張」，不如說「我感到很興奮」。

確信一個事實，其實在別人的心目中，你並不像你想像的那樣害羞。設法避免緊張時的動作，例如你演講時手會發抖，就把講演稿放在講臺上。

事情做好了，不忘自己慶祝一番，這樣有助於增加自信。平常要多多參與，不要拘泥。多參加活動，多與人接觸，對克服羞怯心理很有幫助。確信自己一定會成功，摒棄一切不利的想法。要知道，人無完人，不要因為自己的弱點而自怨自艾。

■ 素材貧乏的關卡

口才反映一個人的道德修養、知識水準、思辨能力。要想使自己的語言具有藝術魅力，光靠技巧是不夠的，一味地追求技巧而忽略自身的資質培養只能是捨本逐末。因此，我們在學習語言技巧的同時，還應全面提高自身的學識、修養。

好的口才在於平時我們自己的累積和鍛鍊。所謂「厚積薄發」是有一定道理的，因為言語是以生活為內容的，有生活，有實踐經驗，才有談話的內容，有豐富的生活內容和豐富的實踐經驗，談話的內容才能豐富起來。因此，對周邊事情多加關注，以吸取對我們有用的東西。對於所見所聞，都要加以思考、研究一番，盡量去了解其發生的過程、意義，從中悟出一些道理。這些都是學習和累積知識的機會。在日常生活中，要隨時計劃、安排、改進生活，不能隨意性太強，讓機會白白溜掉。

你若不安於做一個井底之蛙，就應靜下心來努力學習，拓展自己的視野。你若不想說話空洞無物，就應下決心累積大批的、雄厚的、扎實的本錢，武裝自己的頭腦，讓自己說話的內容豐富起來。

以下是一些累積題材的方法。

▼**多讀書多看報**：日常生活中，我們每天都離不開報紙、雜誌和書籍。在讀書看報時，備一支筆、一些卡片紙和一把剪刀，把所見到的好文章和讓自己心動的話語劃出來，或者剪下來，或摘抄在卡片上。每天堅持做，哪怕一天只記一兩句，也是很有意義的。日積月累，在談話的時候，會不經意地用上曾抄下來的語句，也許它們會隨時隨地從你的頭腦裡冒出來，讓你盡情地談吐，給你一個意外的驚喜。

▼**累積警句、諺語**：在聽別人的演講或別人的談話時，隨時都可以聽到表現人類智慧的警句、諺語。把這些話在心中重複一遍，或記在本子上，久而久之，談話的題材、資料就越來越多，口才也就越來越成熟了，你就可以談起話來條理清楚、出口成章。

▼**累積談話素材**：對於談話的題材和資料，一方面要認真地去吸收，另一方面要好好地去運用。懂得如何運用，一句普通的話也可以帶給你驚人的效果。學習吸收的目的是為了很好地應用，不能應用的吸收了也毫無意義。

▼**提高觀察問題、思考問題的能力**：鍛鍊自己觀察問題、思考問題時的敏銳的眼光，累積豐富的學識和經驗，能大大增強自己的想像力、敏感性，也能提高自己的口才。

因此，自信的人善於學習，不斷進步；而自大的人故步自封，落後了也渾然不覺。自信的人不斷在競爭中獲勝，而自大的人卻不斷為失敗尋找藉口。

第七章　積極有效的自我推銷術

在人才市場上，有本事的人很多。你必須學會積極主動地推銷自己。要讓別人了解你、接受你、欣賞你、「購買」你。否則，就會像那些品質雖好但行銷不力的商品一樣，在貨架上受冷落、蒙灰塵，甚至強行下架。

企業早已將制勝的重點從「生產」轉向「銷售」了，我們也應該勇敢地走出去，告訴別人——我是誰？能給你帶來什麼？為什麼我能做到？我希望從中得到什麼？……

身為男人，一定要懂得推銷自己、善於推銷自己。推銷已經成為事業成功與生活美滿的一個要素。一個善於向自己心愛的女孩推銷自己優點的男人，更容易贏得這個女孩芳心；一個善於向企業推銷自己才學的人，更容易獲得入場競技的門票；一個善於向夥伴推銷自己創業點子的人，更容易得到夥伴的支持而心想事成。

人生需要推銷。有人戲說，即使是諸葛亮生活在今天，也得四處推銷自己；否則，就只能終生「躬耕於南陽」。

賣別人想買的

市場行銷學中有一條鐵律：賣別人想買的。只有賣別人想買的，賓主之間才能一拍即合；而僅僅是賣自己想賣的，對方不想買，交易就很難成功。

推銷你自己時，也要記住這條市場行銷的鐵律。你帶去的，要是對方所需要的。假設你去求職，或者你已經是公司員工，你一定要搞清楚：你的老闆想要什麼？他付給你薪水，希望能從你這裡購買到什麼？你必須非常清楚，因為他就是你的客戶，千萬別像拙劣的推銷員只知道喋喋不休地一味叫賣。其實，推銷最重要的不是你在賣什麼，而是對方究竟需要什麼。

也許有人認為自己有學歷、有經驗，別人應該會買。不，不一定的，即使你再有能力，別人也不一定會買。也許，別人看重的是潛力呢！

別人想要買的，並不會主動告訴你。因此，頂尖的推銷員總喜歡和他們的客戶做充分的溝通，知道對方要什麼，才有利於投其所需。你完全可以問對方：「您需要什麼樣的人才？」或者：「您覺得我還有哪些方面需要提高與改進？」類似的問題，還有很多。對方一定會樂於回答你，同時也感覺你是一個有上進心的人。

有時候，「客戶」的需求是隱性的，他甚至連自己也不知曉。但他真的很需要，你有義務幫他發掘出來。看戰國那些「嘴力勞動者」們，無一不是精於此道者。范雎就是戰國時期和著名的「嘴力勞動者」，他原本是魏國小吏，受陷害逃亡秦國，使盡渾身解數把自己推銷給了昭王，輔佐昭王親政後他被拜為丞相，總算把自己賣了一個好價錢。但後來有一個叫蔡澤的「嘴力勞動者」看上了范雎的位置。

蔡澤被趙國驅逐，逃亡到韓、魏，途中又被人搶走炊具。正徬徨無奈之際，聽說秦相范雎先前重用鄭安平、王稽兩人，後來兩人都犯下了重罪，以致使范雎內心慚愧不已。蔡澤便決定西行入秦，去拜見秦昭王，事先故意對人發出豪語，以激怒范睢：「燕國大縱橫家蔡澤，是天下雄辯豪傑之士。只要他一見到秦王，秦王必定任命他為相國，替代范睢的位置。」

范睢聽說之後，心想哪個不知天高地厚的傢伙來踩場子了，便派人找來蔡澤。兩個嘴力勞動高手見面了，從商鞅臣事秦孝公，談到比干忠君愛國，再到伍子胥、申生、吳起等。最後，蔡澤談到了越大夫文種，為越王勾踐開疆拓土，發展農業，率領四方軍隊和全國上下的人民，擊敗吳國生擒吳王夫差，完成了越國霸王功業，可是到頭來勾踐卻把他殺了。而同為越大夫的范蠡深知明哲保身之理，功成身退，遠離人間的是非之門，駕輕舟渡海遁世，隱姓埋名經商，而成為巨富陶朱公。

有了這些鋪墊，蔡澤直言不諱地告訴范睢：「如今閣下當了秦國相國，協助秦王將秦國強盛了起來，現在天下諸侯都畏懼秦國，秦王的欲望也得到了滿足，而您的功勛已經到了頂點。此刻如果不知及時隱退，商鞅、吳起、文種之禍不遠啦！您為何不在此時納還相印，虛相國之位以待賢人？這樣既可博取伯夷一樣的美名，又可長享富貴，世代稱孤，更能和仙人王子喬、赤松子一般長壽。這些與日後身遭慘禍相比，自是天壤之別，您認為我說得有道理嗎？」

范睢很聰明，在蔡澤最後的底牌還沒亮出來之前，他一定已經發現了自身存在的巨大隱患。等到蔡澤把底牌亮明，直截了當地指明了自己急待「購買」的東西，他完全沒有了拒絕的理由。蔡澤來推銷東西，很貴，要自己的相位來交換。但他賣給自己的卻是自己所需要的美名加上自己身家性命。特別是後者，還有什麼比性命貴的嗎？

毫無疑問，這場交易達成了。過了幾天，范雎入朝拜見昭王，對他說：「有位新從山東來的客人蔡澤，其人雄辯，臣閱人無數，更無人與之相比，臣自愧不如。」於是昭王召見蔡澤，相與言語，昭王十分讚賞，拜為客卿。范雎這時自思後路，便稱病不朝，並且借病辭官。昭王一再不准，范雎便推言病重。昭王無奈只得允準。昭王對蔡澤的計謀十分欣賞，任命他為相。

當落魄潦倒的蔡澤聽說范雎親手提拔的手下犯了重罪，馬上意識到正在鼎盛時期的范雎已開始有了隱患。深明盛極則衰道理的他，知道自己此時應該帶上「平安」貨物去賣給范雎，至於「美名」，只不過是「平安」之上華麗的包裝紙而已。這些謀略家之所以高明，在於能在凡人看到的日常事件背後看到別人潛在的需求，以搶先一步和需求者達成交易。想做大事業的男人們，要向這些前輩們學習。他們雖然只是「嘴力勞動者」，但其中浸透了腦力和心力。

推銷真實的你

優秀的推銷員絕對不會為了推銷出自己的產品而誇大其辭，因為他們知道口碑的重要性。我的一個朋友劉女士是某公司的人資部門經理，曾經告訴我一個有關應徵的故事。她說在一次針對應屆畢業生的應徵中，某職位有二十多個應徵者，居然除了一個人外，其他的人在簡歷上都表示自己是學生會主席。經過初步的審查後，最終有五個進入複試。坦白地說，這五個人面試時的表現都不相上下，錄用誰都說得過去。最後，我的朋友選擇了那個不是學生會主席的同學。

為什麼會是這樣呢？倒不是她對於學生會主席有什麼偏見。原因在於她每次接到的簡歷中，大部分都戴著「學生會主席」頭銜。毫無疑問，這中間一定有多數是假冒的。當然，要鑑別真假也不是一件特別難的事，但久而久之，她似乎對於鑑別真偽有些煩了。於是，乾脆大筆一揮，錄用了這個非學生會主席的同學。

劉女士的做法似乎不大公平，因為她可能會因此而「錯殺」了真的學生會主席。好在用人單位像她那樣武斷的很少。但無論如何，我們在推銷自己時，都不應該存在虛假成分。否則，一旦發現「貨不對板」，品德上的汙點是很難洗乾淨，也無法用其他東西（比如能力）來彌補的。

無論你是向用人單位，還是向誰推銷自己，都要記住：推銷出真實的自己。有一個外商應徵者在求職信中寫到自己的興趣愛好時，寫了喜歡旅遊和攀岩，其實此人很少外出，對攀岩更是一無所知，但為了以具有冒險精神及前衛形象吸引應徵者，故意加了這兩條。後來在面試中，主考官談到自己也是個攀岩愛好者，想與該應徵者切磋。應徵者立即面紅耳赤，手足無措，不得不承認自己說了謊。面試的結果，我們可想而知。還有一些公司在應徵時，會故意設下陷阱，考驗應徵者是否誠實。

一個謊言是需要一百個謊言來掩蓋的。不如做真實的自己，把真實的自己推銷出去。

抓住別人的注意力

電話的發明者貝爾在發明電話過程中，遭遇了資金的掣肘。他找到朋友休巴特先生的家中，希望他能對正在進行的新發明投資。

貝爾是如何說服休巴特先生的呢？是開門見山就大談預算能獲得多少利益嗎？是把他的科學原理給他解釋一番嗎？不！貝爾絕不會做這種傻事的！他隻字不提他的真正意圖，而是預先設計安排好了一個「局」。貝爾不但是個發明家，而且還是一個出色的創業家。

據貝爾的傳記所述：他彈著鋼琴，忽然停住了，向休巴特說：「你可知道，如果我把這腳板踏下去，向這鋼琴唱一個聲音，比方說『哆』，這鋼琴便也會重複彈出這個聲音『哆』。這事您不覺得有趣嗎？」

休巴特當然不相信。他放下手中的書本，好奇地詢問貝爾是否是在開玩笑。於是貝爾便詳詳細細地給他解釋了電話機的原理。這場談話的結果，休巴特很情願負擔一部分貝爾的實驗經費。

貝爾的決勝策略，其實非常簡單，在講他的故事之前，他先設法引起對方的好奇心。他巧妙運用了「引起他人注意」的祕訣。

表演展示一些新穎別緻的事情，貝爾牽引著休巴特對他的理想發生興趣，這是一種很有力量的策略。然而，這一計策的運用也並非沒有地雷、暗礁，我們常常見到許多奇妙的技藝終歸於失敗，結果不過是看官們一聳肩膀或一揚眉毛。這便是沒能夠真正運用這個祕訣的緣故。

而貝爾卻能夠以「新穎」混於「熟悉」之中，很自然地運用了這個計策。休巴特的鋼琴就是幫他完成妙計的功臣。

然而，新穎的東西固然引人注目，但未必都能牢牢吸引我們。我們常常情不自禁、窮追不捨地要弄個明白的新穎事物，都是有某種條件的，那就是這些新穎的東西必須包含我們熟悉的成分。倘若不能觸及我們自己的經驗，我們還是不會深切注意它們的。

所以，我們可以下這樣的斷語：新穎的東西，必須與我們的經驗接近才能夠引起我們強烈的注意，引起我們的好奇心。

據說，貝爾在平時談話中，也緊守著這個方略。他是一個很健談的人，而且別人都喜歡聽他的談話，因為他的談話常是根據別人的興趣和經驗，再穿插以新穎的資料，因而他能夠使他談的事情都像戲劇一樣有趣。

當我們在推銷自己理念或產品時，不妨學習貝爾的手段，用新穎的事物吸引對方的注意力，再圍繞這一新穎的事物展開自己的說服。

迎合別人的需求

在紐約，著名編輯肯尼斯當年初入報界求職的時候，便是迎合了別人的經驗和需要才獲得成功的。

十八歲的肯尼斯隻身一人來闖紐約，他的第一個問題便是要向一個完全不認識的人求得一個編輯的職位。當時的紐約有成千上萬的人失業，而所有的報社都被求職的人包圍著，在這樣艱難的時期，他的問題是多麼難解決呀！然而，肯尼斯有一項優勢，那就是他曾在一家印刷廠做過幾年排字工。

肯尼斯跑的第一家便是《紐約新聞》，因為他早已知道這家報紙的老闆格里萊少年時也曾像他一樣，做過印刷廠的學徒。因此，他料定格里萊對於一個與他有相同經歷的孩子，一定會表示高興和同情的。果然，格里萊錄用了他。

他所以能輕易地使老闆相信他是值得僱傭的人，完全是因為肯尼思知道運用「接近別人的經驗」的策略，能夠借用格里萊自己的經驗來表達他的思想。

石油大王洛克斐勒的兒子是一個聰明的人，在中年時期，一次他曾帶了三個孩子出去旅行，不料被許多攝影記者包圍住了。他很不願意把孩子的照片刊登出來，但是他能當場表示拒絕嗎？不！他想，要既不讓這些攝影記者掃興，又使他們同意不拍攝他孩子們的照片。

他與他們談話時，並不把他們當作新聞記者，而是當作是他的師長或父輩。他與他們討論，他表示刊登小孩子的照片，似乎不是教育兒童的好方法。於是這些攝影記者同意他的意見，很客氣地走了。

某位專家也曾運用同樣的方法與態度強硬的犯人談話，交談不到幾分鐘，竟使那些犯人涕淚交流地跪了下來。

她首先就和犯人們談他們幼年時候的事情，以勾起他們對以往經驗的回憶。犯人們大概都能抵抗一切外來的刑罰、威脅，然而對於這些內心升起的種種回憶，可就沒有能力去抵抗了。結果，許多冥頑不化的犯人都被她轉變成為溫良和順之人，成為有用之才。

美國的鐵路專家查頓到英國去做大東鐵路公司的總裁。到任之時，人家對他的反對就像「早春的寒霜」。原來大東的職員有一個傳統觀念：「沒有一個美國佬有擔任大東總裁職位的資格。」查頓是美國人，竟然當了總裁，於是犯了眾怒。但查頓並不著急，他只運用了一些策略，便平息了眾人的敵意。他究竟運用了什麼策略就消釋了他們由傳統觀念而產生的敵意呢？那便是根據他產生敵意的經驗，去迎合他們的意志並做出公開的演說。他說他到英國來擔任這個職務，並不是為了什麼榮譽，也沒抱什麼希望，他所需要的只是能有一個「戶外競技的機會」罷了。幾句話下來，果然使成千上萬的大東職員們靜默下來。

美國著名演說家喬特之所以能保持演說家的地位長久不衰，關鍵在於他善於應用這種策略。

有一次，他在一個陶瓷學校演說，第一句便說自己是校長手裡的「陶土」，接著再說遠至古代以來的陶瓷簡史，使全校師生都聽得非常滿意。

又有一次，他在一個漁民集會上演說的時候，開頭就把自己比作一條「異魚」，他說：「這條異魚也許會使你們釣魚的本領意外進步，或許反而使你們釣魚的本領退步。」他說了這樣的妙語之後，才接下去演說英國漁業委員會繁殖江河魚類的偉大計畫和成績。

而在一所英國學校演說時，他則列舉一大串從該校畢業出來的著名人物，借此說明英國在教育上是多麼卓有成效、勝人一等。當然，他的演說受到熱烈的歡迎，因為他的一切演說的重點總是集中在別人的興趣上。

《演說術》一書的作者菲利浦．卡恩-帕尼（Phillip Khan-Panni）曾說：「以聽眾的經驗來發揮，乃是演說術的第一要義。演說者把他的思想熔鑄在聽眾本身經驗中越多，便越容易達到演說的目的。」

卡恩-帕尼舉例說：「當我告訴一個朋友說『我的鄰居買了一車紫苜蓿。』這話可能使他不懂，如果我接著解釋『紫苜蓿是一種草料』，於是他立刻有了紫苜蓿的印象，不容易懂的話就變得容易懂了。這就是解釋已涉及聽者自己的經驗範圍之內的緣故。」所以，菲利浦的結論是，「參考聽眾的經驗，就是侵入聽眾的生命。」

總之，當你想抓住別人的注意，使他們聽信於你的時候，建議你小心地從他們自己的經驗及需要中接近他們，用他們的語言來發揮你的思想。

隨時準備下一次衝刺

我們剛走出學校大門時，總是在探索新鮮事物、探索解決問題的新方法，我們熱心於試驗，歡迎新鮮事物，我們不安於現狀，朝氣蓬勃，從不滿足。年過三十後，一些人的心態會在無意識中發生微妙的變化，這是因為他們知道自己什麼最拿手，寧願對過去的成功之道如法炮製，也不願冒失敗的風險。

大多數畫家在創造了一種適合於自己的繪畫風格後，就不再改變了，特別是當他們的作品受到人們的欣賞時，更是這樣。隨著藝術家的年歲增長，他們的繪畫風格雖然也在變，可是變化不會很大了。偉大的西班牙畫家畢卡索去世的時候是九十一歲。在九十歲高齡時，他還拿起顏料和畫筆開始畫一幅新畫，一幅嶄新風格的畫，他對世界上的事物好像還是第一次看到一樣。畢卡索像一位終生沒有找到一種固定藝術風格的畫家，千方百計尋找完美的手法來表達自己不平靜的心靈。

畢卡索一生創作了成千上萬種風格不同的畫，有時他畫事物的本來面貌，有時他似乎把所畫的事物掰成一塊一塊的。他不僅能把眼睛所看到的東西表現出來，而且把我們的思想所感受到的也表現出來。他一生始終抱著對世界十分好奇的心情，就像年輕時一樣。

和九十高齡的畢卡索相比，我們的人生才過了三分之一。他尚且生命不止、進取不休，我們有什麼理由一遍一遍地重複昨日的歌謠？

十九世紀俄羅斯現實主義作家果戈理（Nikolai Vasilievich Gogol-Yanovski）寫作以勤奮著稱。他堅持每天練習寫作，他說：「一個作家，應該像畫家一樣，經常隨身帶著筆和紙。一位畫家如果虛度了一天，沒有畫成一張畫稿，那是很不好的。一個作家，如果虛度了一天，沒有記下一條思想、一個特點也不好……必須每天寫作。如果一天沒有寫，怎麼辦呢？沒關係，拿起筆來，寫上『今天不知為什麼我沒寫』，把這句話一遍一遍地寫下去，等你寫得厭煩了，你就要寫作了。」

正是有了這種一天也不肯虛度、不斷進取的精神，果戈理才完成了一部部傳世之作，成了世界上偉大的文學家。

一六七三年二月的一天，法國著名喜劇作家莫里哀（Molière）患有嚴重的肺病，又受了風寒，身體十分虛弱。但他還是不顧親人和朋友的勸阻，以頑強的毅力克服身體上的巨大痛苦，毅然參加了自己的新作《無病呻吟》（*The Imaginary Invalid*）的演出，並出演男主角。莫里哀全神貫注地投入了角色的塑造，由於咳嗽，震破了喉管，他的生命結束在舞台上。

英國化學家、物理學家道耳頓（John Dalton）從十七、十八歲開始科學研究生涯，從此終生不離開實驗室。他對氣象、物理和化學三門學科都作出了很大貢獻。在一八四四年他在實驗室去世前的幾個小時，還像往常一樣記錄下了當天的氣象數據。

三百多年前發明顯微鏡的荷蘭著名生物學家列文虎克（Antoni van Leeuwenhoek），晚年更加拚命地工作，他用自己製造的顯微鏡，夜以繼日地觀察動、植物細胞，並詳細記述觀察結果。他的研究成果公布後，向世人展示了一個嶄新的微觀世界，在全世界引起了轟動。

進取不是鼓勵大家不停地去超越別人，我們超越的目標是我們自己。《塔木德》說：「超越別人的人，不能算是真正的優越；超越從前的自我，才是真正優越的。」許多取得舉世聞名傑出成就的人都是生命不息，奮鬥不止，為我們樹立了光輝的典範。如果他們淺嘗輒止，或滿足於已經取得的成績，那麼莫里哀即使寫出了一兩部成功的作品，也不會給世人留下這麼深刻的印象；道爾頓即使在某些學科有所建樹，也不會在氣象、物理和化學三門學科都作出這麼大貢獻；列文虎克即使發明了顯微鏡，也發現不了使他永垂青史的生物細胞。

一名著名的長跑運動員在比賽前，他的教練語重心長地對他說道：「不要被金牌的壓力卡住，心裡有東西墜著，跑也跑不快。把自己真正的水準發揮出來，才是最重要的。」

這話說得很有見地。金牌，是鼓勵，是激勵；是推動力，是驅策力；是掌聲，也是喝彩聲。

獲得金牌以後，有些人會把它當成終生的「護身符」。他忘了金牌可以「保值」，但是，絕對不「保質」；他也忘了「逆水行舟、不進則退」。在躊躇滿志的非凡得意裡，他自我矇騙地相信即使不經錘鍊也能產生好作品，一旦有人對他提出批評，他便理直氣壯地大聲反駁：「什麼，你說我沒有水準？你別忘記，我可是金牌得主啊！」

有些人會憂心忡忡的把那面金牌變成「喜馬拉雅山」，讓它沉沉地壓在自己上面。一剎那的榮耀，竟可悲地化成了終生的負擔。在全然沒有佳作繼續問世的落寞裡，金牌閃出的亮光，既顯眼又刺耳。也有些人，患得患失，結果呢，金牌變成了桎梏，前頭全是下坡路。

理智而聰慧的人，絕對不會把金牌掛在嘴上，更不會把它墜在心上。金牌僅僅是他個人生涯的一個小小的里程碑。他明白「曾經擁有」的感覺固然美麗，可是更大的成就取決於「天長地久」的努力。所以，在那個金光閃爍的日子過後，他便會把金牌束之高閣，忘記它，然後，一如既往，勤練技藝，準備另一次的衝刺。歲月如水，他日兩鬢似霜時，無意間開櫥一看，裡面有長長一排被「遺忘」了的金牌，靜靜佇立，閃著絢麗的、燦爛的金光。然而，那可是他成功的一生，是讓他自豪的一生。

不管我們過去有多少榮耀，也不管今天我們有多少本錢，我們都沒有理由停步。背上行囊，為人生的下一個高峰而啟程吧！

玩物喪志，必誤大事

有嗜好的人不少。一般來說，人有點嗜好並不是一件壞事，甚至常常是一件陶冶身心、增加情趣的好事。但嗜好要有一定的尺度，愛好但不迷戀，不要被物所役。

玩物的嗜好，是幾千年的傳統。觀魚賞花，鬥雞跑馬，凡此種種，無非愛好一物，以至痴迷，詳察細品，多覺妙趣。以求修身養性，原本無可厚非。不幸的是，玩物一旦被物所役，就會導致喪志。少年喪志則難成大事，老來喪志則難保晚節。而身處人生事業順境者，一旦喪志，將有墜落逆境的危險。

周惠王九年，衛惠公的兒子姬赤繼位，當上了衛國國君，後人稱他為衛懿公。

衛國是個小國，在諸侯爭霸中，靠齊國幫助才得以生存下來，成為齊國的附庸國。衛懿公當上國君後，不圖富國強兵，不理朝政，而是天天吃喝玩樂。他酷愛養鶴，在宮中建造豪華的鶴舍，派人精心飼養，凡是獻鶴的人都得重獎封官，還給鶴以官吏一樣的待遇——戴官帽，坐官車，享官祿。而對百姓的饑寒，卻不聞不問。

同理朝政的衛國大臣石祁子和寧速，見懿公一心玩鶴，置朝政於不顧，很是著急，曾多次勸諫，均遭拒絕。懿公的大哥公子毀，料到國將衰亡，就藉機離開衛國出走了。國中百姓怨聲載道。

當時有一個部族山戎，經常派兵騷擾齊國邊界，齊國準備討伐山戎。此事被強大的狄國得知，其君主瞍瞞雄心勃勃，想侵略中原，他認為齊國討伐山戎，絕不會放過狄國，不如先發制人，發兵進軍齊國。而攻打齊國，必須首先消滅衛國。

一天，懿公駕著豪華的馬車，前呼後擁，準備載鶴出外遊玩。宮中侍衛慌忙送來狄國入侵的情報。懿公聽了大吃一驚，立即召集人馬，準備迎敵。可是，老百姓沒有一個肯應徵，青壯年紛紛逃跑。懿公派兵捉回百餘人，責問道：

「大敵當前，你們為什麼逃跑？」

眾人說：「鶴可以對付敵軍，要我們老百姓有什麼用？」

懿公說：「鶴能作戰嗎？」

眾人說：「既然不會作戰，養牠幹什麼？」

這時，懿公方知道一心玩鶴，不理國政，是大錯特錯了。忙向宮僕傳令，將鶴通通放了。但是那幾十隻鶴騰空飛了幾圈，又都飛回原處。

石祁子和寧速上街宣傳，說懿公已經悔過自新，不再玩鶴，百姓這才肯當兵準備迎敵作戰。懿公親自帶兵，陷入狄兵埋伏，將士見敵勢兇猛，丟掉戰車兵器，紛紛逃命。

剩下懿公和幾名侍衛，被狄兵包圍，懿公被砍成了肉泥，最終全軍覆沒。

仙鶴雖美，卻不能禦敵，這是衛懿公盲國的教訓。玩鶴雖還不失為一種雅好，但歷史上那些荒淫無恥的帝王在後宮中所玩，不僅敗國喪家，而且為後人所不齒。

商紂王是個荒淫無度的昏君，一天到晚，不是與宮女妃子們淫戲，就是喝酒狂飲，把皇宮鬧得烏煙瘴氣。他還嫌這樣的淫樂、狂歡不夠味，又下令在沙丘建立一個專供淫樂狂飲的逍遙宮。

為了滿足他的花天酒地的開支，他下令增收各種賦稅，搞得許多百姓家破人亡。他又一再下令選美，選得絕色美女蘇妲己後，更是迷於女色，不理朝政。

一些正直的大臣都憂心忡忡，不斷向紂王進諫。紂王根本不聽，反而對進諫者不是貶官，就是廢為平民，嚇得群臣們都不再敢進諫了。後來，紂王乾脆設立各種酷刑，如炮烙之法、刳脛之刑……用來對付向他勸諫的大臣和不服從他統治的庶民。

每一次施刑，紂王和妲己當場飲酒取樂，在調笑中看著受刑的人痛苦萬分地死去。炮刑時，望著受刑者被炮炭火燒化為焦煙時，紂王和妲己還發出陣陣狂笑。

老百姓們日夜祈禱：上天啊！趕快降下大命吧！替我們消滅殘暴的商紂王！四方諸侯也一個接一個地舉起了反殷的義旗。但這些消息傳到商紂王那裡，他只是不屑一顧地狂妄冷笑說：「我是上天選定的真命天子，他們怎麼奈何得了我！」

一天，殷商三賢士之一的比干又一次冒死勸諫，商紂王竟然命令人把他的心肝挖了出來。

微子聽說後，馬上匆匆地逃離了京師。箕子只好裝成瘋子，紂王仍不放過他，還是把他關進了監獄。

紂王殘害三賢的消息一傳來，周武王就率領大軍浩浩蕩蕩地出發了；各諸侯國的軍隊也紛紛加入了討伐商紂王的戰爭。大軍所到之處，人民像久旱盼春雨一樣歡迎官兵們；一遇到商紂王的軍隊，商軍官兵都紛紛倒戈。

很快，周武王的軍隊攻到京城。前些天還是不可一世的商紂王，這時變成一隻人人喊打的過街老鼠，被狼狽地燒死在大火中。

商紂好淫，置國家安危於不顧。這樣「玩物」，必然導致「喪志」，死無葬身之地是必然的。

當今世界，日新月異，可玩之物層出不窮。適度的玩玩可以怡情，沉溺其中則難免走火入魔。報刊與電視中，經常出現一些狂熱的追星族為了偶像而做出離奇不合常規的事情，乃至釀成人生的悲劇，即是玩得過火了。還有些人迷醉於網路遊戲，玩得昏天黑地，將事業與健康全拋。別以為這些只發生在青少年身上，很多成年男人也會踏入歧途。

「少壯不努力，老大徒傷悲」。三十歲可謂人生最「少壯」、最緊要的關頭，根本沒有「玩」的本錢。

第八章　練就江湖最狠的武功

在江湖中，有一種非常厲害的功夫叫「吸星大法」。為什麼吸星大法很厲害呢？因為凡練就此功者，能夠吸收他人的內力為己所用。會吸星大法的人，即使與絕世高手對陣，也不會落敗，因為他能在與對方過招時迅速吸收對方的內力以增強自己的功力。

江湖已遠，用武力建功立業的時代不再。在後江湖時代，比拚的是智力。誰要是練就智力上的吸星大法，在後江湖時代就注定是一個厲害的英雄。

後江湖時代的吸星大法，說起來並不神祕，無非是學習與借鑑，貫徹魯迅的「拿來主義」。一個善於終身學習的人，就像懷揣一塊巨大無比的海綿，到處吸收營養以為我用。學歷是有終點的，但學習卻沒有止境。特別是身處知識更新換代速度奇快的當今，你只要不學習，三、五年後，知識、技術與經驗就會完全跟不上時代。

唯有終身學習的人，才能擁有長遠的競爭力。站在人生的分水嶺，三十歲的男人千萬不要忽略利用各種學習成長的機會。

吸星大法誰不要

我們都讀過王安石寫的〈傷仲永〉，仲永可謂一個天才兒童，但伴隨著長大逐漸平庸，最後「泯然眾人矣」。原因何在？沒有持續學習。音樂家莫札特也是一個天才兒童，但他終其一生都沒有停止開發自己的能力，因此他成為了「偉大的音樂家」。

相對於仲永與莫札特而言，我們大多數人的天資沒有任何優勢。此外，我們所處的時代比他們那個時代的知識更新要快得多。因此，我們更要以孜孜不倦的精神來對待學習。

人生的過程就是要時時新鮮，唯有終身學習，才能夠日新又日新。只要你還一息尚存，就不能停止學習。停止就意味著死亡，一種深層意義上的死亡。如果隨時把自己當成新人來對待、學習，人不但不會變老，反而會變得更年輕、更有朝氣。而平時所累積的知識與經驗，正是我們在危急關頭時最有力的武器。

實現永續性發展的途徑

近年來我們常常聽到「永續發展」這個詞，人們也逐漸認識到「永續發展」的重要性。在我們的人生中，我們也應該要求自己做到「可持續發展」。如何做到呢？

終身學習。終身學習是一種信念，也是一種可貴的品質。它是自我完善的過程，也是我們在現代社會立於不敗之地的祕訣。學無止境，永遠不要停止你學習的腳步，讓學習成就你的事業，也成就你的人生。

有一位曾在日本政界、商界都顯赫的人物，叫糸山英太郎。他在三十歲即擁有了幾十億美元的資產，三十二歲成為日本歷史上最年輕的參議員。他成功的祕訣就是終身學習。

糸山英太郎一直信奉「終身學習」的信念，碰到不懂的事情總是拚命去尋求解答。透過推銷外國汽車，他領悟到銷售的技巧；透過研究金融知識，他懂得如何利用銀行和股市讓大量的金錢流入自己的錢包……即使後來年齡漸長，糸山英太郎仍不甘心被時代淘汰。他開始學習電腦，不久就成立了自己的網絡公司，發表他個人對時事問題的看法。即使已進老邁之年，糸山英太郎依然勇於挑戰新的事物，熱心了解未知的領域。

正是憑藉終身學習，糸山英太郎讓自己始終站在時代的潮頭之上。所以，如果你想在自己的事業上平穩向前，實現永續發展，千萬記得要終身學習。

勞倫斯・艾利森（Lawrence Joseph "Larry" Ellison）是全球第二大軟體製造商甲骨文公司（Oracle）的創辦人、總裁兼執行長，二零零四年《富比士》雜誌全球富豪排行榜顯示，他的個人淨資產為一百八十七億美元，排名第十二位。

甲骨文公司是世界上最大的資料庫軟體公司。當你從自動提款機上取錢，或者在航空公司預訂航班，或者將家中電視連上網際網路，你就在和甲骨文公司打交道。

艾利森是典型的氣勢凌人的技術狂人，個性張揚，矽谷流傳著這麼一個笑話：上帝和艾利森有什麼區別？——上帝不認為自己是艾利森。

透過二十多年的時間，艾利森把一個無名的軟體公司發展成世界第二大軟體製造商。是什麼使他在訊息時代笑傲江湖呢？

——學習，是持續不斷的學習，使這個集眾多非議為一身的「壞傢伙」，始終走在訊息時代的最前沿。

一九四四年，艾利森出生在紐約的曼哈頓，由舅舅一家撫養，在芝加哥猶太區中下階層長大。小時候的艾利森並沒有表現出超於同齡人的天賦，在學校時，他成績平平，非常孤獨，喜歡獨來獨往，他唯一感興趣的就是電腦。

一九六二年，艾利森高中畢業，他先後進入芝加哥大學、伊利諾大學和西北大學學習，雖然經歷了三個大學，最終卻沒有得到任何大學文憑。

關於學位，艾利森認為：「大學學位是有用的，我想每個人都應該去獲得一個或者更多，但我在大學沒有得到學位，我從來沒有上過一堂電腦課，但我卻成了程式員。我完全是從書本上自學編程的。」

艾利森曾經對前來應徵的大學畢業生說：「你的文憑代表你受教育的程度，它的價值會展現在你的底薪上，但有效期只有三個月。要想在我這裡做下去，就必須知道你該繼續學些什麼東西。如果不知道學些什麼新東西，你的文憑在我這裡就會失效。」

知識的迅速增長和更新，使人不得不在學習上付出更多的努力。現在，人們在「終身教育」問題上達成了共識，以至讓「終身教育」思想成為了當代世界的一個重要教育思潮。今天，在世界範圍內都響起了「不學習就死亡」的口號。

時代飛速發展，環境急遽變化，沒有一勞永逸的成功，只有不斷學習，終身學習，你才不會被拋出時代的列車。

對於三十歲的男人來說，學習不難，難的是堅持。三十歲正是人生中的一個多事之秋，男人在這個階段，常常感到身心疲憊。這種狀況下要堅持學習需要很強的毅力。終身學習既是非常簡單又是極端困難的事情。說它簡單是因為學習不是一件必須正襟危坐的事，它就實實在在地存在於我們日常生活的每一天。它的內容無限廣泛，它的方式也是因人而異。一個故事，一次經歷，一番談話……都可以讓你收穫良多。生活中處處都值得你學習，你不要讓一個個學習的機會與你擦肩而過。用心觀察思考，勤於動手動腦，隨時隨地學習才是正事！說它困難是因為我們或者因自滿而中途放棄，或者把它當成一種苦差事而不願做。

不管你是什麼學歷、什麼來歷，總之，要想事業可持續發展，就要做到隨時、隨處學習。「活到老，學到老」，古聖賢的教誨不能忘記。我們不能那麼輕易地滿足，要勇於給自己提出新的、更高的要求。我們也不能把學習完全當成一件苦差事，你應當看到學習是辛苦和快樂的綜合體。我們要善於學習，樂於學習，在學習的過程中體會到收穫知識的歡欣。

學習是一種能力

學習的內容紛繁複雜，然而最根本、最重要的只有一項——學會學習。學會了學習，一切都會招之即來。可以毫不誇張地說，學習能力是「元能力」，是一切能力之母；學習成功是「元成功」，是一切成功之母。

然而，現實中的許多事例表明，這兩種說法並不總是能成立。只有那些從失敗中汲取教訓的人，才能使失敗成為成功之母；同樣，只有那些從成功中學習到成功的經驗的人，才能使成功成為成功之母。所以，無論失敗成為成功之母，還是成功成為成功之母，要想實現哪一方面，都必須以學習為基礎。因此，歸根結底，應該說「學習是成功之母」。只有學習能力才是真正的成功之母、永恆的成功之母。

一家著名企業在大學應徵員工，提出的要求是英語能力和電腦能力要出眾，許多人不解。應徵人員解釋說：「英語和電腦能力出眾，意味著你具備學習能力，我們就可以培訓你專業技能。」

現在許多大企業在應徵新人時不再問「你會什麼？」「你學過什麼？」而是問「你能否學會我們讓你掌握的東西」。這就是一個變革的信號：學習比知識更重要。

在生存競爭日趨激烈、知識更新不斷加快、科技發展日新月異的今天，對新知識的學習就顯得更加重要。一個人要想有所成就，要想生活得幸福美好，都要付出巨大的努力，這就是活到老，學到老。

有人說「失敗是一筆財富」，為什麼呢？因為在失敗後，我們可以透過反思來增加自己的智慧。所以，能從自己的失敗中吸取教訓的人才是聰明人。不過，有更聰明的人，他們能夠從別人的失敗中總結經驗、吸取教訓。他們連失敗的「學費」也免交了，多麼划算！

曾有一位著名的將軍說過：兩軍對陣，誰犯的錯誤少，誰就有更大可能取勝。創業也是這樣的道理，少犯別人犯過的錯誤，就增加了自身成功的機率。

別人的失敗中有可學習的地方，別人的成功中也有可學習的地方。

終身學習能力是一種無形財富

根據網上的訊息，在二零零六年五月，歐盟委員會透過了一份公報。公報指出，當前的情況非常緊急，各成員國必須加快教育與培訓改革的步伐，否則下一代的大部分人將被社會拋棄。

歐盟委員會在題為《教育與培訓的現代化：為歐洲的繁榮與社會融合》的公報中指出，儘管各成員國都採取了重大舉措，但與歐洲為提高年輕人能力與資格所制定的標準相對照，進步則微乎其微。這給所有公民都帶來了嚴重的後果，特別是那些處於不利地位的群體，以及全歐洲八千萬低技能工人。同時，這也使整個歐洲的經濟競爭力和創造工作機會的能力大受影響。

歐盟委員會還就終身學習的「八大關鍵能力」透過了一份歐盟理事會及歐洲議會建議案。這「八大關鍵能力」是每一個歐洲人在知識社會與知識經濟中獲得成功所必須掌握的核心技能、知識與態度，它們是：母語溝通能力；外語溝通能力；數學、科學與技術的基本能力；資訊科技（Information Technology, IT）能力；學會學習；人際交往、跨文化交往能力以及公民素養；實做精神；文化表達。

這八大能力是相互交叉、相互關聯和相互支持的。比如，讀寫、算術與資訊科技能力是學習的必備技能，而學會學習又支持所有方面的學習活動。還有很多技能和素養是包容在整個框架之中的，它們包括批判性思維、創新能力、首創精神、解決問題的能力、風險評估和決策能力以及積極的情緒管理。這些素養處於基礎地位，在所有八大關鍵能力中都發揮著作用，構成八大關鍵能力的橫向組成部分。所有這些能力集中在一起，它們將提高人們的就業能力，幫助人們實現個人抱負並積極參與社會。

在歐盟委員會在解釋八大關鍵能力的時候，每個關鍵能力都由知識、技能與態度三部分組成。

比如，母語溝通能力要求一個人掌握有關語言的基本詞彙、語法以及功能等知識，包括對語言互動的主要類型、文學與非文學文本、各種語言類型的主要特徵、語言的各種變化以及在不同場合下的使用等方面的認識。在技能方面，每個人都應該具備在各種溝通場合進行口頭或書面交流的技能，並根據場合的要求對自己的語言進行監控和調整。此外，還包括閱讀和寫作各種文體，查詢、收集並加工訊息，利用輔助工具，以及在不同的場合下有說服力地組織並表達自己論點的能力。在態度方面，對母語溝通能力所持的積極態度包括樂於進行批判性和建設性的對話，欣賞語言溝通中的美感品質並有意追求語言中的美感，有興趣與他人進行互動。

而外語溝通能力除了需要與母語溝通能力一致的知識外，還包括對相關國家的社會習俗與文化以及語言多變性的了解。外語溝通能力的核心技能包括理解口頭訊息的能力，發起、保持和結束對話的能力，以及閱讀並理解適合個人需要的文本的能力，此外還包括正確使用輔助工具的能力。相關的積極態度包括對文化差異與多樣性的理解，對於外語及跨文化交流的興趣與好奇心。

養成每天學習的習慣

這是大學期末考試的最後一天。在一幢樓的臺階上，一群工程系高年級的學生擠作一團，正在討論幾分鐘後就要開始的考試。他們的臉上充滿了自信。這是他們參加畢業典禮之前的最後一次測驗了。

一些人談論他們現在已經找到的工作，另一些人則談論他們將會得到的工作。帶著經過四年大學學習所獲得的自信，他們感覺自己已經準備好，甚至能夠征服整個世界。

這場即將到來的測驗將會很快結束。教授說過，他們可以帶任何他們想帶的書或筆記，要求只有一個，就是他們不能在測驗的時候交談。

他們興高采烈地衝進教室。教授把試卷分發下去。當學生們注意到只有五道評論類型的考題時，臉上的笑容更加燦爛了。

三個小時過去了，教授開始收試卷。學生們看起來不再自信了，他們的臉上掛滿了沮喪。

教授注視著他面前這些焦急的面孔，面無表情地說道：「完成五道題目的請舉手！」

沒有一隻手舉起來。

「完成四道題目的請舉手！」

還是沒有人舉手。

「完成三道題目的請舉手！」

仍然沒有人舉手。

「兩道題目的！」

學生們不安地在座位上扭來扭去。

「那麼一道題目呢？有沒有人完成了一道題目？」

整個教室仍然沉默。教授放下了試卷。「這正是我期望得到的結果，」他說，「我只想要給你們留下一個深刻的印象：即使你們已經完成了四年的工程學課業，但關於這個學科仍然有很多的東西是你們還不知道的。這些你們不能回答的問題，是與每天的日常生活實踐相連繫的。」

然後他微笑著補充道：「你們都將通過這次測驗，但是記住，即使你們現在是大學畢業生了，你們的教育也還只是剛剛開始。」

知識和才幹的增長，不是一朝一夕的事，只有養成每天學習的習慣，才會有不菲的收穫。

美國人埃利胡·布里特十六歲那年，他的父親就離開了人世。於是，他不得不到村子裡的一個鐵匠鋪當學徒。每天，他都得在煉爐邊工作十到十二個小時。但是，這個勤奮的男孩卻一邊拉著風箱，一邊在腦海裡緊張地進行著複雜的算術運算。他經常到伍斯特的圖書館閱覽那裡豐富的藏書。在他當時所記的日記中，就有這樣的一些條目：

六月十八日，星期一，頭痛難忍，堅持看了四十頁的喬治·居維葉（Georges Cuvier）的《土壤論》、六十四頁法語、十一課時的冶金知識。

六月十九日，星期二，看了六十行的希伯來語、三十行的丹麥語、十行的波希米亞語、九行的波蘭語、十五個星座的名字、十課時的冶金知識。

六月二十日，星期三，看了二十五行的希伯來語、八行的敘利亞語、十一課時的冶金知識。

終其一生，布里特精通了十八門語言，掌握了三十二種方言。他被人尊稱為「學識最為淵博的鐵匠」，並名垂史冊。

《抱朴子》曾這樣說：「周公這樣至高無上的聖人，每天仍堅持讀書百篇；孔子這樣的天才，讀書讀到『韋編三絕』；墨翟這樣的大賢，出行時裝載著成車的書；董仲舒名揚當世，仍閉門讀書，三年不往圈子裡望一眼；倪寬頻經耕耘，一邊種田，一邊讀書；路漫舒截蒲草抄書苦讀；黃霸在獄中還從夏侯勝學習；寧越日夜勤讀以求十五年完成他人三十年的學業……詳讀六經，研究百世，才知道沒有知識是很可憐的。不學習而想求知，正如想求魚而無網，心雖想而做不到。」

劉子又說：「吳地產勁竹，沒有箭頭和羽毛成不了好箭；越土產利劍，但是沒經過淬火和磨礪也是不行的；人性聰慧，但沒有努力學習，必成不了大事。孔夫子臨死之時，手裡還拿著書；董仲舒彌留之際，口中還在不停誦讀。他們這樣的聖賢還這樣好學不倦，何況常人怎可鬆懈怠惰呢？」

懸梁刺股、鑿壁偷光、燃薪夜讀、黏壁讀書、編蒲抄書、負薪苦讀、隔籬聽講、織簾誦書、映雪讀書、囊螢苦讀、韋編三絕、手不釋卷、發憤圖強、聞雞起舞……這些流芳百世的勤學苦讀的典範和榜樣，仍將激勵後學，光照千古。

非常之人必有非常之志。無數成功者的事例表明：只有透過不斷的學習和努力，才可以成為一個出眾的人！學習是完成人生飛躍的翅膀。

愛因斯坦曾把自己比作一個大圓圈，把一個人擁有的知識比作一個小圓圈。大圓圈外圍接觸的空白比小圓圈要多。因此，學問越多的人，越能察覺自己知識的不足。越是知道自己的不足，越是能努力學習；越是能努力學習的人，知識也就越豐富。

最需要學習的一種能力

房價在漲、物價在漲，薪資卻不一定跟得上漲幅。而男人似乎逃脫不了做頂梁柱的命運。母親稱你為兒子，妻子稱你為丈夫，社會稱你為男人；既然天降大任於你，就不得不承擔責任。而一切的責任很難離開錢。

拿不相上下的薪水，有的人在數年後小康了，而有的人仍舊只是僅僅解決溫飽而已。原因何在？

——理財。

一般來說，家庭的財務大權是由妻子掌握，男人只管在外賺錢，女人當個管家婆。但這種傳統的方法在現代已經完全落伍。這是因為現在人們手裡的節餘會寬裕一些，以及當今投資增值的管道比以往要多得多（以前只需要把餘錢存銀行就OK了）。因此，現在所謂的理財內容，不再只是傳統的開支規劃，更多的是投資增值。

而在投資增值這一塊，相對來說，男人對於經濟發展以及市場走向有更多的了解，有必要承擔更多的義務。當然這不是絕對的。

投資理財需要什麼工具，最單純最直接的答案，就是「錢」，投資無錢不行，錢是必備的工具。光有錢還不行，你還需要一個清醒、睿智的大腦。成功的投資人是用腦去投資的，當然，無財不行，總不能什麼錢財都沒有，便去做投資。投資畢竟是「以錢滾錢」的遊戲。但是，如果不好好運用頭腦，投資便只是一個導致破產的玩火自焚的遊戲。

用腦去投資，需要先儲備知識與經驗。知識可以改造命運，投資的命運亦要依靠知識來改造。先擁有了知識，然後在這些知識的基礎上進行分析，依據投資理論把這些知識組合起來，學會投資技巧，運用技巧，這才是真正的財富。

投資人需要運用頭腦。在起初的時候，他們可能資金不多，但卻需要具備投資作戰的條件，即是頭腦。不用頭腦的，在投資市場可能十戰八敗。用上了頭腦，投資就可以增加勝算，十勝五敗，十勝三敗，就算失敗亦可以將損失減到最低限度。

成功的投資人，一定擁有豐富的投資知識，熟悉種種投資技巧，而且頭腦靈活，隨時變化，調配資源有彈性，他們會自己看事，自己分析，不會依賴那些投資專家，就算把錢交到基金經理手中，亦是經過頭腦抉擇，絕不會草率盲目。

金錢並不一定會帶給我們全部的歡樂與幸福，但是，如果知道如何聰明地處理自己的金錢，就可以為我們的家庭帶來更多的安寧、幸福與利益。在日益發展健全的市場經濟下，理財的知識正成為我們最需要補課的一個環節。

第九章　滄海橫流盡顯男兒本色

還記得那首很「男人」的歌嗎？——

「長大以後，為了理想而努力，漸漸地忽略了父親母親和故鄉的消息。如今的我，生活就像在演戲，說著言不由衷的話、戴著偽善的面具，總是拿著微不足道的成就來騙自己。總是莫名其妙感到一陣的空虛，總是靠一點酒精的麻醉才能夠睡去。在半睡半醒之間彷彿又聽見水手說，他說風雨中這點痛算什麼！擦乾淚不要怕至少我們還有夢！他說風雨中這點痛算什麼，擦乾淚不要問為什麼！」

這首歌是身殘志堅的歌手鄭智化的〈水手〉。在受傷的時候，男人不妨聽聽這首歌。人生就像一條河，而我們就是游弋在河中的水手。在河流中泅渡免不了會受些傷，只有不怕河中的滔天巨浪，不怕在渡河中淹死，才可能游到成功的彼岸。人們讚美游到彼岸的英雄，卻容易忘記在挫折的大河中泅渡的必要。

自古英雄多磨難

自古英雄多磨難，從來紈絝少偉男。這是一條亙古以來都顛撲不破的道理。權貴的蔭澤與庇佑下的成長，如同溫室裡的花朵，鮮有能經受風雨的。

艱難困苦，玉汝於成。出身貧寒也好，命運多舛也罷，如果你換一個角度看，未必不是一種財富。當然，如果你在貧寒中潦倒、在多舛中隨波，就談不上什麼財富了。《孟子》中有云：「天降大任於斯人也，必先苦其心志，勞其筋骨，餓其體膚，空乏其身，行拂亂其所為，所以動心忍性，增益其所不能。」這篇文章我們在中學時代都讀過，只是中學時代的我們沒有多少人生的歷練，並不能對這篇文章產生太深的共鳴。如今，回頭來看，對於出身平凡或出身貧寒，以及遭受或正遭受磨難的人來說，孟子至少告訴了我們兩點。

第一，將相本無種，英雄不怕出身低。古時如此，而今亦然。第二，所有的磨難與困苦，都可以成為鍛鍊能力和增強心志的手段。磨難與困苦源於外界，能力與堅韌激發於自身。

我們大家都有自己美麗的夢想，都在努力地行走、奔跑，只為了更好地生活。然而，世界是豐富的，有許多東西令人滿意，也有許多東西令人討厭。不管我們願不願意接受，兩者都會不期而至。

當痛苦如冰雹從天而降，我們可能會自言自語：「為什麼受傷的總是我呢？我已經夠努力了，也足夠倒楣了，為什麼命運總是要和我作對，這個世界真的太不公平了。」有誰沒有沮喪過呢？然而，如果你一味讓自己在沮喪中怨恨與絕望，就永遠也無法讓自己在人格上成熟起來。面對殘酷的現實，弱者會詛咒，而強者選擇的是戰鬥。

奧里森．馬登（Orison Marden）說：「最高貴的紳士，他能以最不可動搖的決心來選擇正義的事業；他能完全抵制住最不可抗拒的誘惑；他能面帶微笑地承受著最沉重的壓力；他能以平靜的心態來面對最猛烈的暴風雨；他能以最無畏的勇氣來對付任何威脅與阻力；

他能以最堅韌的個性來捍衛對真理與美德的信仰。」三十歲的男人，應該如同奧里森・馬登筆下的高貴紳士，具有鋼鐵般的意志力，方能在人生的坎坷之旅一路過關斬將，成就自我。

人生的風雨是立世的訓喻，生活的苦難是人生的老師。有一句義大利諺語是這樣說的：「即使水果成熟前，味道也是苦的。不經過霜打的柿子，不會變得綿軟可口。」

挫折能激發能量

法國的軍事家拿破崙一世（Napoléon Bonaparte）在談到他的大將馬塞納（André Masséna）時說，平時他真實而深刻的一面是顯示不出來的，只有當他在戰場上見到滿地的傷兵和遍地的屍體時，他內在的「獅性」就會突然發作起來，打起仗來頓時變得勇不可當。

人類有些潛能是不會輕易顯露出來的，除非是遭遇了巨大的打擊或承受著強烈的刺激。這種神祕的力量深藏在人的內心最深處，只有當人們受到了譏諷、凌辱、欺侮或是遭遇困境之時，才會激發出來，做出前所不能的事情來。

艱難的情形，絕望的境況，赤貧的無助，在歷史上曾經造就了許多偉人。如果拿破崙一世在年輕時沒有遇到過什麼窘迫或絕望，那麼他一定很難變得那麼足智多謀、鎮定自若和剛強勇敢，他也就不會成為法蘭西第一帝國的皇帝。巨大的困難和形形色色的危機，往往是爆發出巨大能量的火藥。

挫折能激發能量

一個成功的商人曾經說，在他一生中所獲得的每一個成功，其實都是與艱難困苦作鬥爭的結果。所以，他現在對那些不費氣力得來的成功，反倒覺得有點靠不住了。他覺得，排除種種障礙從奮鬥中獲得成功，才可以給人以喜悅。這個商人喜歡做一些難以達到的事情，這樣可以檢驗他的力量，考察他的能力；他反而不喜歡從事那些很輕易就能辦好的事情，因為不費力氣的事情，不能給予他振奮的精神和發揮才能的機會。

處在困境之中的奮鬥，最能使人發揮出潛在的力量；沒有這種堅持不懈的奮鬥，便永遠不可能發現自己真正的力量。如果林肯是出生在一個莊園主的家裡，進過大學，他也許永遠不能成為美國的總統，也永遠不可能成為歷史上的偉人。因為一個人如果總是處在舒適安逸的生活中，便不需要自己做出很多的努力，不需要自己進行艱苦的奮鬥。林肯之所以這般偉大，是與他不斷地與逆境作抗爭分不開的。

在我們周圍，不知道有多少人把自己所取得的成就歸功於自己所遇到的艱難和困苦。如果沒有各種各樣的阻礙與失敗的刺激，他們也許只會發掘出自己才能的一半，甚至還不到；但一旦遇到這針炙般強烈的刺激，他們就會把他們的全部才能給激發出來。當面對巨大的壓力時，突如其來的變故和重大的責任壓在一個人身上時，隱藏在他生命最深處的種種能力，就會如火山般噴湧而出，幫助他們做出無堅不摧的大事來。歷史上有過無數這樣的例子。

愛默生說過：「我們的力量來自我們的軟弱，直到我們被戳、被刺，甚至被傷害到疼痛的程度時，才會喚醒那種包藏著神祕力量的憤怒。偉大的人物總是願意被當成小人物看待，但當他被搖醒、被折磨、被擊敗時，便有機會可以學習一些東西了。此時他必須運用自己的智慧，發揮自己的剛毅精神，學會了解事實真相，從自己的無知中學習經驗，治療好自負精神病。最後，要會調整自己並且學到真正的技巧。」

蘇軾在〈留侯論〉中說：「天下有大勇者，猝然臨之而不驚，不故加之而不怒。」男人如果擁有這種品質，那麼無論在他身上發生什麼事都無法影響到他。無論什麼事情降臨在他身上，他都可以保持住內心的平衡。

儘管我們從小就聽說過許多表現出極大勇氣的英雄故事，但我們更需要在家裡、在日常生活中擁有同樣的勇氣。無論發生了什麼事情，身為男人的你，請平靜地帶著微笑去面對這個世界，當然這需要極大的勇氣。永遠相信自己，不要隨波逐流，這更需要勇氣。

請在每一個清晨，帶著勇氣上路。沒有實現理想不要緊，只要我們走在通往理想的路上。所有的壓力與勞累，是我們為了理想必須付出的成本。而在你一天的工作結束之後，請清查一下你自身的「存貨」，並且想一想你已經做了什麼，你是在一種什麼樣的精神狀態下做的。歸根結底，後者是更重要的事情。你是否曾經感到虛弱、心不在焉，或者你曾經畏縮不前？你是否曾表現出了足夠的信心和力量？

堅韌不拔的鬥志

有一部著名的美國電影叫《刺激一九九五》(*The Shawshank Redemption*)，電影講敘的是年輕的銀行家安迪因被判決謀殺自己的妻子，被送往美國的肖申克監獄終身監禁。遭受冤枉的安迪外表看似懦弱，但內心堅定，從進監獄的那天開始就決定一定要離開這裡。他在監獄裡遇見了因失手殺人被判終身監禁的摩根．費里曼，兩人很快成為好友。肖申克監獄當時是美國最黑暗的監獄，典獄長利用罪犯做苦役，為自己撈了不少好處。獄警對囚犯亂施刑罰，甚至將囚犯活活打死。

面對如此險惡的環境，安迪沒有自甘墮落，他辦監獄圖書室，為囚犯播放美妙的音樂，還利用自己的知識幫助大家打點自己的財務。典獄長很快發現了安迪的特長，讓他幫助自己洗黑錢做假帳。在暗無天日的牢籠中，安迪從未放棄過對自由、對美好生活的追求，他每天用一把小鶴嘴鋤挖洞，然後用海報將洞口遮住。用了二十年的時間，安迪才完成了地洞的開鑿，成功地逃出監獄並最終把典獄長繩之以法。

安迪在莫大的誤解、冤枉、惡劣的生存環境之下，竟然能夠一直朝自己的目標在努力，讓人看了之後非常震撼，如果一個人能用這樣的毅力和忍耐力做一件事，想不成功也難啊。

堅韌不拔的鬥志是所有偉大成功者的共同特徵。他們也許在其他方面有缺陷和弱點，但是堅韌不拔的鬥志是每一個成功者身上不可或缺的。無論他處境怎樣，無論他怎樣失望，任何苦難都不會使他厭煩，任何困難都打不倒他，任何不幸和悲傷都摧毀不了他。過人的才華和稟賦都不如堅持不懈的努力更有助於造就一個偉人。在生活中最終取得勝利的是那些堅持到底的人，而不是那些自認為自己是天才的人。

傑出的鳥類學家奧杜邦（John James Audubon）在森林中刻苦工作了許多年。一次，在他渡假回來時，發現自己精心創作的兩百多幅極具科學價值的鳥類繪畫都被老鼠糟蹋了。回憶起這段經歷，他說：「強烈的悲傷幾乎穿透我的整個大腦，我接連幾個星期都在發燒。」但過了一段時間後，他的身體和精神都得到了一定的恢復。他又重新拿起槍，拿起背包和筆，走向森林深處。

無論一個人有多聰明，如果沒有堅韌不拔的品質，他就不會在一個群體中脫穎而出，他就不會取得成功。許多人原本可以成為傑出的音樂家、藝術家、教師、律師或醫生，但就是因為缺乏這種傑出的品質，最終一事無成。

堅韌不拔的鬥志是一種力量，一種魅力，它使別人更加信賴你，每個人都信任那些有魄力的人。實際上，當他決心做這件事情時已經成功一半了，因為人們都相信他會實現自己的目標。對於一個不畏艱難、一往無前、勇於承擔責任的人，人們知道反對他、打擊他都是徒勞的。

堅韌的人從不會停下來想想他到底能不能成功。他唯一要考慮的問題就是如何前進，如何走得更遠，如何接近目標。無論途中有高山、有河流還是有沼澤，他都會去攀登、去穿越。而所有其他方面的考慮，都是為了實現這個終極目標。

宋朝詩人楊萬里有詩曰：「莫言下嶺便無難，賺得行人空喜歡。正入萬山圈子裡，一山放過一山攔。」人在奮鬥的過程中，由於各方面條件的限制，必然困難重重，也會存在種種干擾。這些困難、干擾就像一座座山阻礙在我們前進的道路上，但是我們不應被嚇倒，只有堅持到底才是最後的勝利。只要拿出頑強的毅力，持之以恆，堅持到底，事業的成功必將成為一種必然。

三十歲的男人要做人生的強者，首先要做精神上的強者，做一個堅韌不拔、威武不屈的人。世間不存在人無法克服的艱難和困苦。在你面臨絕境無法擺脫時，在你氣喘吁吁甚至精疲力竭時，你只要再堅持一下，奮力打拚一下，你就會戰勝困難。

有許多偉人也會出現這樣的錯誤，在他們即將抵達成功時，他們卻因失敗而放棄了。德國科學家席勒在研究X射線即將看到曙光時，失去信心，罷手卻步，遂將成功的喜悅奉送給了倫琴。

歌德曾這樣描述堅持的意義：「不苟且地堅持下去，嚴厲地驅策自己繼續下去，就是我們之中最微小的人這樣去做，也一定會達到目標。因為堅忍不拔是一種無聲的力量，這種力量會隨著時間而增長，是任何挫折和失敗都無法阻擋的。」

保持沉著冷靜

唐代憲宗時期，有個中書令叫裴度。有一天，手下人慌慌張張地跑來向他報告說他的大印不見了。為官的丟了大印，真是一件非同小可的事。可是裴度聽了報告之後一點也不驚慌，只是點頭表示知道了。然後，他告誡左右的人千萬不要張揚這件事。

左右之人看裴中書並不是他們想像的一般驚慌失措，都感到疑惑不解，猜不透裴度心中是怎樣想的。而更使周圍人吃驚的是，裴度就像完全忘掉了丟印的事，當晚竟然在府中大宴賓客，和眾人飲酒取樂，十分逍遙自在。

就在酒至半酣時，有人發現大印又被放回原處了。左右手下又迫不及待地向裴度報告這一喜訊。裴度依然滿不在乎，好像根本沒有發生過丟印之事一般。那天晚上，宴飲十分暢快，直到盡興方才罷宴，然後各自安然歇息。

而下人始終不能明了裴中書為什麼能如此胸有成竹。事後好久，裴度才向大家提到丟印當時的處置情況。他對左右說：「丟印的緣由想必是管印的官吏私自拿去用了，恰巧又被你們發現了。這時如果嚷嚷開來，偷印的人擔心出事，驚慌之中必定會想到毀滅證據。如果他真的把印偷偷毀了，印又何從而找呢？而如今我們處之以緩，不表露出驚慌，這樣也不會讓偷印者感到驚慌，他就會在用過之後悄悄放回原處，而大印也不愁不失而復得。所以我就如此那般地做了。」

從人的心理上來說，遇到突發事件，每個人都難免產生一種驚慌的情緒。問題是怎樣想辦法控制。

楚漢相爭的時候，有一次劉邦和項羽在兩軍陣前對話，劉邦歷數項羽的罪過。項羽大怒，命令暗中潛伏的弓弩手幾千人一齊向劉邦放箭，一支箭正好射中劉邦的胸口，傷勢沉重痛得他伏下身。主將受傷，群龍無首。若楚軍乘人心浮動發起進攻，漢軍必然全軍潰敗。猛然間，劉邦突然鎮靜起來，他巧施妙計：在馬上用手按住自己的腳，大聲喊道：「碰巧被你們射中了！幸好傷在腳趾，並沒有重傷。」軍士們聽了頓時穩定下來，終於抵住了楚軍的進攻。

西晉時，河間王司馬顒、成都王司馬穎起兵討伐洛陽的齊王司馬同。司馬同看到二王的兵馬從東西兩面夾攻京城驚慌異常，趕緊召集文武群臣商議對策。

尚書令王戎說：「現在二王大軍有百萬之眾，來勢兇猛，恐怕難以抵擋，不如暫時讓出大權，以王的身分回到封地去，這是保全之計。」王戎的話剛說完，齊王的一個心腹怒氣衝衝地吼道：「身為尚書理當共同誅伐，怎能讓大王回到封地去呢？從漢魏以來王侯返國有幾個能保全性命的？持這種主張的人就應該殺頭！」

王戎一看大禍臨頭，突然說：「老臣剛才服了點寒食散，現在藥性發作要上廁所。」說罷便急匆匆走到廁所，故意一腳跌了下去，弄得滿身屎尿臭不可聞。齊王和眾臣看後都捂住鼻子大笑不止。王戎便藉機溜掉，免去了一場大禍。

正因為王戎有冷靜的頭腦，才在危急之下身免一死。此事無疑給後人以啟示：危急時刻要沉著冷靜，靜中生計以求萬全。

還有這樣一個故事：在俄羅斯的一個地區，居民們發現了一個捕捉野熊的好方法，他們設好誘餌，然後安排十幾個人圍住這個區域，當熊進入到這個區域後，他們便一同大喊大叫，驚恐萬狀的黑熊便慌不擇路四處奔逃，最後氣力用盡，只能束手就擒。

在這場戰鬥中，是熊自己打敗了自己，否則以牠的體型與氣力來說，人是很難抓住牠的。其實，大家想一想，在現實生活中，很多事之所以失敗，就在於當我們在面對一些困難特別是在面對一些突發事件時，情緒失控，從而說一些不應該說的話，做一些不合常理的事。

我們不妨留心身邊那些有點成就的人，無論是當了個不大不小的官的人，還是賺了不多不少的錢的人，他們毫無疑問都是情緒穩定的人。他們處事鎮定，我們很少見到他們驚慌失措。這些素養，是他們之所以相對出色的重要原因之一。試想，一個遇事慌亂的人，如何能擔當大任？

老練的水手在大風大浪中從來就不會有一絲驚慌。這除了他們在長期的風浪中鍛鍊了意志之外，還與他們有豐富的處置經驗有關。他們經歷過風浪，也知道如何應對風浪。因此，身為三十歲的男人，你要想在人生的浩瀚海洋中成為一名沉靜的水手，不妨多給自己一些挑戰的機會，讓自己在人生的風浪中磨練成一個處變不驚的水手。

當忍則忍，該讓就讓

有道是：大丈夫能屈能伸。知道這句話的人多，但真能做到的人少。而這些做不到能屈能伸的人，又大多是能伸不能屈。一屈、一伸原是人與萬物的本能，也是處世求存的智慧。本能是先天的潛力，智慧是後天的功夫。

動物界的刺猬可以說是能伸能屈的智慧化身。你看牠身處順境時拱著小腦袋，憑藉著滿身的硬刺，橫衝直撞；當牠身處險境時，則縮回腦袋，把自己裹成一個刺球，讓敵人無隙可擊。

「屈」不是逆來順受，而是一種識時務的智慧，是一種顧大局的氣概；「屈」不是屈服，而是一種忍辱負重的堅毅，是一種以退為進的勇敢。馮夢龍在其著作《智囊》中，認為人與動物一樣，當形勢不利時，應當暫時退卻，以屈為伸，否則形勢將更加惡化。蠖會縮身體，鷙會伏在地上，動物都有這樣的智慧，以此來保全自身，難道我們人類還不如動物嗎？

在事業處於困難、低潮或逆境、失敗時，若運用「屈」的智慧，往往會收到意想不到的效果，反之，該屈時不屈而伸，必然遭到沉重打擊，甚至連性命都保不住，那樣，還有什麼資格去談人生、談事業、談未來、談理想呢？

勾踐忍嘗糞問疾之痛，韓信受胯下之辱，司馬遷忍宮刑之恥……縱觀歷史，有多少像勾踐、韓信、司馬遷一樣的人物，為成就自己的事業，實現自己的理想，在必要的時候寓伸於屈，從而保存自己，待時機一到東山再起。歷史已經證明，善於使用屈伸之術，該屈則屈，該伸則伸，是三十歲男人要成為強者的一項重要素養。畢竟，人生沒有一帆風順。

有些人喜歡把忍讓與失敗、放棄、躲避等詞連繫在一起，似乎忍讓總帶有某種貶義和消極的色彩。然而忍讓卻是善於變通者的法寶。忍讓包含了很多層意義，我們可以把它看做是當下生活的中止，是個積聚能量的過程，在這樣的暫停中具有快速生長的可能。

忍讓並不是從此以後就不再進攻，相反地，忍讓是為了在積蓄了足夠的力量以後更好地進攻。曹操不乏英雄氣概，但他也有讓步的時候。他迎漢獻帝定都許昌後，並不是萬事大吉，他當時還不能「挾天子以令諸侯」，曹操一時成為眾矢之的。而曹操這時的力量並不強，與袁紹等人相比，更處於弱勢。因此，曹操採取後發制人的方法，將袁紹打敗。

曹操得勢後，袁紹擺出盟主的架勢，以許昌低濕、洛陽殘破為由，要求曹操將獻帝遷到鄄城，因鄄城離袁紹所據的冀州比較近，便於控制獻帝。可是曹操在重大問題上不讓步，斷然拒絕了袁紹這一要求，而且還以獻帝的名義寫信責備袁紹說：「你地大兵多，專門樹立自己的勢力，沒看見你出師勤王，只看見你與別人互相攻伐。」袁紹無奈，只得上書表白一番。

曹操見袁紹不敢公開抗拒朝廷，便又以獻帝的名義任袁紹為太尉，封鄴侯。太尉雖是「三公」之一，但位在大將軍曹操之下。袁紹見自己的地位反而不如曹操，十分不滿，大怒道：「曹操幾次失敗，都是我救了他，現在竟然挾天子命令起我來了。」拒絕接受任命。

曹操知道自己這時的實力還不如袁紹，不願意在這個時候跟袁紹鬧翻，決定暫時讓步，便把大將軍的頭銜讓給袁紹。自己任司空（也是「三公」之一），代理車騎將軍（車騎將軍只次於大將軍和驃騎將軍），以緩和與袁紹的矛盾。由於袁紹不在許都，曹操仍然總攬朝政。

與此同時，曹操安排和提升一些官員。以程昱為尚書，又任命他為東中郎將，領濟陽太守，都督兗州事，鞏固這一最早的根據地；以董昭為洛陽令，控制好新舊都城；授夏侯淵、曹洪、曹仁、樂進、李典、呂虔、於禁、徐晃、典韋等分別為將軍、中郎將、校尉、都尉等，牢牢控制軍隊。

曹操表現得很謙恭。於是楊奉薦舉曹操為鎮東將軍，襲父爵費亭侯。曹操連上〈上書讓封〉、〈上書讓弗寧侯〉、〈謝襲弗亭侯表〉等，表明他「有功不居」。曹操深知自己還是弱者，因此對袁紹的要求盡量滿足，對朝廷的封贈表現出「力所不及」的謙恭。等到羽毛豐滿後，他就露出真面目了。官渡一戰，曹操徹底打敗了袁紹。

在雙方僵持的時候，他會先退幾步，以求打破僵局，為自己積蓄力量贏得時機。善於把握進退的火候，恰當抉擇進退的時機，把自己提升到一個更高的層次。

面對挫折、打擊、磨難，應該沉著應對，不能被這些困難所壓倒。忍受挫折的一種方法是發憤圖強，準備東山再起，而不是由此沉淪。

當自己處於弱勢時，不妨採取以退為進的方針，避開凌厲的鋒芒，保存自己的實力。當忍則忍，該讓就讓，不勉強，不生硬。這時候，你就是真正的強者了。

變危機為轉機

「機會就在危機後面」，「危機是幸運的偽裝」——我們常聽人這麼說，這不僅是一句簡單的安慰人的話，而是包含了智慧的人生哲理。

美國第三十七任總統尼克森在其著作《六次危機》（*Six Crises*）一書中，有這麼一段發人深省的話：「對每個人來說，生命就是一系列的危機，問題是你怎樣去對待這些危機，如何使這危機變為轉機。」我們都知道，尼克森是一位頗有建樹的政治家，曾為改善中美關係作出了貢獻。但也許很多朋友並不知道尼克森的人生之路並不平坦。他在底層辛苦多年，飽經挫折，不懈奮鬥，從普通士兵一步步當上眾議員、副總統、總統。一九七五年，他為了避開「水門事件」醜聞而辭職，當時有人認為他的政治生命結束了。但他以自己從政幾十年的豐富經驗，四處演講，著書立說，又成為政界各級掌權人的主要諮詢者之一。他的許多主張亦被後任的各屆總統採納，是個不在位的「總統」，直至他去世。

有一座高大的紀念碑，矗立在美國的阿拉巴馬州恩特曾穎鎮的公共廣場上。這座碑不是紀念某個偉人，也不是紀念某件大事，它紀念的是一場蟲害。在這座碑身正面有這樣一行金色大字：深深感謝象鼻蟲在繁榮經濟方面所作的貢獻。象鼻蟲是北美洲地區棉花田裡的一種害蟲。為什麼阿拉巴馬州要為害蟲立紀念碑呢？

一九一〇年，一場特大象鼻蟲災害狂潮般地席捲了阿拉巴馬州的棉花田，蟲子所到之處棉花毀於一旦。天災讓棉農們欲哭無淚。災後當然要重建，阿拉巴馬州是美國主要的產棉區，那裡的人們世世代代都種棉花，可現在，象鼻蟲災害使人們認識到僅僅種棉花是不行的，如果僅僅種棉花，爆發了象鼻蟲災害，一年的收成就沒了。於是，人們開始在棉花田裡套種玉米、大豆、菸葉等農作物。儘管棉花田裡還有像鼻蟲，但因為套種使棉花密度減少，蟲子無法大規模繁衍，少量的農藥就可以消滅牠們。棉花和其他農作物的生長狀態都很好，結果收成表明，種多種農作物的經濟效益比單純種棉花要高四倍。從此，阿拉巴馬州的人再也不單單在田地裡種植棉花，而是在種植棉花的同時，大量種植一些其他的農作物。阿拉巴馬州的人們從此走上了繁榮之路，人們的生活也越來越好。阿拉巴馬州的人們認為經濟的繁榮應該歸功於那場象鼻蟲災害，是象鼻蟲使他們學會了在棉花田裡套種別的農作物。為此，阿拉巴馬州州府決定，在當初象鼻蟲災害的始發地恩特曾穎鎮建立一座紀念碑，以感謝象鼻蟲在繁榮經濟方面的貢獻。

人生在世，總希望時時順利，心想事成，一生平安。然而事實並非如此，現實就是現實，危機和挑戰常常會降臨到我們身上。人從嬰兒呱呱落地，生於陌生之境，驚哭求生，乃一切危機之始，接下來的生理成長，社交情誼，創業守業，聚別歡憂……無一不存在危機。

而所謂「危機」，其實包含著兩個方面的內容——「危險」和「機遇」。只是大多數人習慣性地只看到「危險」，而看不到「機遇」。危機已經發生，不要嘆息、不要沮喪，我們所要做的就是用心去捕捉危機中的轉機，從而走向一個新的開始，走向更美好的未來。

人的偉大其實不在於如何躲避危機，而在於如何變危機為轉機。人雖有危機之患，但它只能在固定的條件下，才醞釀成禍危害於人。希臘人並不視危機為可怕，他們認為危機乃是「上帝賦予人的一種特殊機遇，是不在慣常時間運作下之『時機』讓人可以在此時有所超脫，頓悟真理」。在生活中面臨上述這些處境時都是危機，但是我們千萬不要輕看危機，這或許就是我們的轉機，我們也只有在危機中才能有轉變的機會。

危機既是一種壓力又是一種動力，它像一種催化劑，能孕育出靈魂和精神的力量。可以這樣說：危機即是「高山蓋頂」或「海浪濤天」，如果是玫瑰，一定會在高山上開花，如果是珍珠，一定會在海濤中發光，關鍵是我們要學會變危機為轉機。

把握逆轉的時機

「不經歷風雨，怎麼見彩虹，沒有人能隨隨便便成功。」一首由周華健、成龍等人演唱的〈真心英雄〉，可謂唱出了男人的心聲。

燦爛星空，誰是真的英雄？沒有人能隨隨便便成功。在苦難的陷阱裡，弱者在沉淪，而強者在崛起。在強者眼裡，苦難是衝刺未來的利劍，貧窮是開啟財富的鑰匙。

在失敗中找尋等值利益的種子，這是失敗存在的唯一價值，也是失敗之所以成為成功之母的原因所在。能稱得上事業的事，要想一步到位的機率近似為零。愛迪生在歷經一萬多次失敗之後才發明了燈泡，而沙克（Jonas Edward Salk）也是在試用了無數介質之後才培養出了小兒麻痺疫苗。很多時候，人們是在不停地「試錯」中走向成功的。一位名人是這樣去界定智者和愚者的：「生命中最重要的事，不是用你所賺得的錢去投資。真正重要的，是如何從你的損失中獲利。這是需要智慧的，而這也正是智者和愚者的分別。」有時，還真應該感謝人生中的大小挫折，因為正是它們，才使得自己痛定思痛、脫穎而出。

然而，挫折並不能保證每一個人都會因此得到完全綻開的成功花朵，它只提供成功的種子。你必須找出這顆種子，並且以明確的目標給它養分並栽培它，否則它不可能開花結果。要有一顆好學與反省之心，思考一下出現挫折的原因是什麼，自己需要從哪些方面改善與努力。只有這樣，你才能扭轉局勢。因此，在你面臨困境的時候，不妨問自己幾個問題：

▼問題的原因是什麼，是環境、別人、還是自己？要解決眼下的問題，先得找出導致問題的根源，才好對症下藥。事情是從哪裡出錯的？是否一開始就處於毫無勝算的情況？自己是否犯了錯誤？還是別人造成的問題？從錯誤中學習，方能從失敗中站起。

▼所發生的事，確實是一個失敗，或只是沒有達到目標？沒有一帆風順的成功，挫折是追求之路上的常事。挫折不是失敗，只是成功路上的坎坷而已。你去趕晚上八點鐘的末班火車，路上被一條大河阻住。這時，你遇到的還只是挫折，你需要迅速找條船或一座橋。找不到的話，就該考驗你的水性了。而當你匆匆趕到火車站，發現火車已經走了。這時，就你趕這趟火車來說，你是失敗了。但如果你趕末班火車的目的是為了參加第二

天在千里之外的一個重要活動，那麼，你錯過火車也只能算是一個挫折而已，你還有乘坐飛機、汽車的選擇。

不要一遇到困難與阻力就輕易繳械投降。即使山窮水盡，也可能柳暗花明。

▼挫折中含有多少契機？有一句老話說：「玉不琢不成器」，人不經試驗也成不了大器。不論你經歷什麼樣的挫折，當中定有成功的契機。有時候那契機並非顯而易見，但是只要你願意去找就會發現。

華倫．魏斯比（Warren W. Wiersbe）曾說過：「一個腳踏實地的人，是一位經過歷練之後去蕪存菁的理想主義者；而一個憤世嫉俗的人，則是一位經過歷練之後卻被燒傷的理想主義者。」別讓逆境之火把你變成一個憤世嫉俗的人；反之，讓它將你去蕪存菁吧！

▼我能從當中學到什麼？詩人拜倫說得好：「逆境是通向真理的第一條路。」餐飲業大師俄夫根．巴克說：「我從經營不善的一間餐館所學到的，遠勝於從所有成功的餐館所學到的。」他在加州擁有五家非常出名的餐館，並且在芝加哥、拉斯維加斯和東京都有餐館。

因為每種情況都不一樣，因此對於如何從挫折中學習，很難整理出一般性的原則。但是如果你在經歷事情時能保持一顆學習的心，努力學習任何能幫助你採取不同做法的事，你就能夠改進自己。一個人如果心態正確，那麼任何一個障礙都能讓你更清醒地認識自己。

▼對這經歷，我是否心存感激？美國的短跑名將世界紀錄創造者愛迪．哈特，在一九七二年慕尼黑奧運會錯過了一百公尺短跑的預賽，結果喪失了贏得一枚個人金牌的機會。但是他對這個經歷的看法是很正面的，他說：「我們所追求的事，不見得每一樣都能夠獲得成功，這大概就是我錯過那場預賽所學到的最重要的教訓。在我們生命當中，我們會經歷到許多失望，也許是沒有被升遷，也許是沒有得到所想要的工作，但是我們必須學會承受這些打擊。運動是很有價值的，因為它不是輸就是贏。在你成為一個優秀的得勝者之前你必須學會輸得起。」哈特很高興能在接下來的接力賽中將一枚金牌拿到手，也為學到能接受打擊而感恩。如果你面臨失敗，請試著培養這樣的感恩之心。

▼我如何化挫折為成功？作家威廉愛迪．哈特馬士騰如此寫道：「生命中如果有哪個因素是能導致成功的，那就是從被擊倒中得到益處。就我所知的每個成功，都是因當事者能夠分析被打倒的原因，而在下次再試時從中得到助益。」

從一個事件中找出錯的原因是很有價值的。如果能更進一步地從錯誤中學習而改進，那就是轉敗為勝的關鍵。有時候我們從錯誤中學到不犯相同的錯誤，而有時候也會有意外的發現，譬如愛迪生的留聲機，或是史諾賓的無煙炸藥一樣。只要你願意去試，一定都能從很糟的情況中找出有價值的東西。

▼誰能在這事上幫助我？有人說，我們能從兩個途徑來學習：一是經驗，亦即從自己的錯誤中學習；二是智慧，亦即從別人的錯誤中學習。我想我們還是盡可能地從別人的錯誤

中學習比較好。

找對人求教是很重要的。有一個故事，講的是一位官員走馬上任的時候，在辦公桌上發現前任官員留給他的三封信，信封上寫有說明，在承受壓力的時候才能打開這些信。不久，這個官員和新聞界發生了問題，於是他打開第一封信，上面寫著：怪罪到你的前任官員頭上。於是他照做了。風平浪靜了一段時間。幾個月之後，他又有了麻煩，於是他打開第二封信，上面寫著：改組。於是他照做了。之後又平靜了一些日子。但是因為他從來沒有真正解決造成問題的根源，於是問題又來了，而且這次問題更大。在極度焦慮之下，他打開了第三封信，信上面寫著：準備三封信。

這是一個幽默故事，卻頗有深意。我們是應當向人求教，但是求教的對象，必須是已經成功地處理過自身失敗的人。

▼ 下一步該做什麼？深思熟慮之後，就應該考慮下一步該做什麼。你只有行動起來，才能走出困境。唐．舒拉（Donald Francis Shula）和肯尼斯．布蘭查德（Kenneth Hartley Blanchard）在他們所寫的《人人都是教練》一書中說：「學習的定義就是行為的改變。如果沒有採取實際行動，那麼你就是沒有真正地學習到。」

「失之桑榆，收之東隅」，這句話可以用來安慰失敗者，促使其再度奮起。當機會到來時，不知道是否該前進，而感到迷惘的人，也要鼓勵他們不要猶豫，迅速行動。一直沉湎在失敗的苦果中，無法再度奮起的人，當然不可能獲得成功。

成功者與失敗者之間的距離，不是因為實力有別。在任何人看來，有實力獲勝的人，是那些不計較成敗得失，並善於把握住逆轉時機重新奮起的人。

逆轉的時機就好像電光石火一樣，因此，想要掌握時機，就必須傾注全部注意力。如果投入努力很大卻徒勞無功時，不要感到焦躁，要能耐心地等待下一次時機的到來。

機會絕對不是偶然到來的，只要你相信會有到來的時候，耐心等待，仔細留意，機會就會降臨到你的身上。

某位電影導演在講拍戲的甘苦時，其中講到天氣的問題：「要拍攝晴空萬里的畫面，看似簡單其實很辛苦。因為晴空萬里的機會非常少。好不容易遇到晴空萬里的時候，工作人員開始準備時，不知不覺地雲又布滿了天空。將準備就緒的攝影機對準天空，然而雲卻一直無法消散。結果，只好作罷。不過，在休息時，雲卻又完全消失了，令人感到非常失望。因此，拍攝時最需要的就是和天氣比耐力。」

這位導演所說的晴空萬里，指的就是「機會」。不知道它何時會探出頭來，但是相信一定會出現——能夠保持著很大的信心，持續忍耐，時機就會到來。如果在中途放棄，而打算收工時機會即在剎那間溜走了。

環顧四周，注意力稍微不足時，就不會察覺到機會已經來到。當天空布滿了雲，在短時間無法消失時，如果你焦躁得無法再等待下去，就會枉費以前所有的努力。

要巧妙掌握閃爍的時機之光，絕對不屬於機率較低的賭博。如果有充分的觀察力、注意力、忍耐力以及行動力，就能夠有準確的命中率。

當然，這時還是需要保持冷靜的，為了避免錯失時機，一定要能客觀地把握事物的本質，不要因為焦躁與動搖而遮蔽了視線，妨礙作出正確的判斷。

就英雄本色而論，許多傑出的人物的成功，並不是得益於旗開得勝的順暢，馬到成功的得意，反而是無數的挫折造就了他們，正如孟子所說的「天將降大任於斯人也，必先苦其心志，勞其筋骨，餓其體膚，空乏其身，行拂亂其所為，所以動心忍性，曾（增）益其所不能。」

的確，一個人要有所成，有大成，就必須忍受挫折的折磨，在挫折中鍛鍊自己、豐富自己、完善自己，使自己更強大、更穩健。這樣，才可以水到渠成地走向成功。像蘇秦進行六國合縱就是這樣，像韓信找出路也是這樣，像劉邦打天下，像劉備找安身立業的地方都是這樣。這樣的例子太多了。

黎明的到來，少不了以黑暗打頭陣。品嚐勝利甘果的人，又怎能不經歷風雨的洗禮？現在開始，請不要在黑夜裡迷惘與哭泣，請咬緊牙關，熬過黎明前的黑暗。

高超的應變能力

拿破崙認為，在戰場上最重要的一點是應變力，他曾說：「應變力也是戰鬥力，而且是重要的戰鬥力。」拿破崙的觀點其實並不新鮮，早在兩千多年前的春秋末年，著名的軍事家孫子就說過：「兵無常勢，水無常形」，強調戰爭中要善於隨機應變。

恐龍不可謂不強大，蟑螂不可謂不弱小。但大自然的叢林法則是「適者生存」而不是「強者生存」。強者在變幻的自然面前若不能積極應變，強弱的轉換可以一下令曾經的強者跌入毀滅的深淵。恐龍的滅絕就是因為應變能力不夠。而不起眼的蟑螂，是適應各種環境的高手，在面對各種各樣的環境時，身體結構也能隨之做出最適應的改變，所以能堅強地生存下來。

所以，真正的強者做起事來如水一樣，能「隨器成其形」。放在桶裡的水是圓的，放在箱子裡的水是方的，遇冷成冰，受熱化霧，隨勢而變，不拘一格，卻不改其水的本色。當今社會瞬息萬變，並且變化速度日益加快，被人稱之為「十倍速時代」。只有快速反應，提高應變力，才能生存，並在生存中圖發展。

《周易．繫辭下》有云：窮則變，變則通，通則久。意思是事物到了盡頭就會發生變化，變化就能通達，通達了就能長久。區區的九個字，卻包含了無窮的智慧。任何事物都有一個發生、發展、衰落的過程，大到國家社會、小到個人都是這樣。在事物發展到衰落階段，就要尋求變化以謀出路。如果一味堅持原來的舊規矩而不思變化，只能僵化致死；反之，如果能適應環境的變化而改變策略，革故鼎新，就能立於不敗之地。

以不斷變通的思想要求自己，讓自己不斷探尋新的思路，就可以突破原有的桎梏，將自己提升到另一個高度，創造出新的輝煌。

法國貝納德古．塔茲做郵購唱片生意，一做就是十年，儘管他很努力，但三十多歲的他仍舊兩手空空。塔茲想：「總跟在別人後面跑，不是辦法啊！為什麼不另起爐灶，走一條自己的路呢？」於是他下定決心向其他同行不願意涉足的領域進軍。

市內的藝術館保留了許多歐洲中世紀的風琴音樂作品，其中很大一部分與宗教藝術有關，卻很少有人問津。塔茲嘗試著製作了這一類作品的唱片，投放市場後，備受老年顧客和外國遊客的青睞，因此他大受鼓舞。於是塔茲就地取材，把開發「稀有曲目」作為自己的經營方向。

在經營過程中，塔茲本著不搞噱頭，曲目和錄音都以追求品質為首要任務的方針開展生意，結果不但擴大了業務，還挖掘了許多「冷僻樂曲」，挽救了不少面臨失傳的「宗教音樂資產」。到如今，塔茲在歐美的六個國家設有分公司，本人也獲得了「唱片大王」的美稱。

佛法自然，人法變通。人活一世，生存環境不斷變遷，各種事情接踵而來，因循守舊、不知變通是無論如何都行不通的。生活中有一些人總是失敗，就是因為他們頑固不化、按圖索驥、墨守成規，不會變通，從而把自己的道路堵死，結果導致自己寸步難行。其實一些舊思想、舊規矩都是可以打破的，只要我們做事變通而不反常規，靈活而不違原則，這樣就能符合時代的變遷和社會的發展。

在十八世紀的法國，馬鈴薯種植曾有很長一段時間得不到推廣。宗教迷信者不歡迎它，給它起了個怪名字——「鬼蘋果」；醫生們認定它對健康有害；農學家斷言，種植馬鈴薯會使土壤變得貧瘠。

法國著名農學家安瑞．帕爾曼切曾在德國吃過馬鈴薯，覺得馬鈴薯是一種很好的食品，於是決定在本國培植它。可是，過了很長一段時間，他都未能說服任何人。

面對人們根深蒂固的偏見，他一籌莫展。後來，帕爾曼切決定借助國王的權力來達到自己的目的。一七八七年，他終於得到了國王的許可，在一塊出了名的低產田上栽培馬鈴薯。帕爾曼切發誓要讓這不受人歡迎的「鬼蘋果」走上大眾的餐桌！

他耍了個小小的花招——請求國王派出一支全副武裝的衛隊，白天晚上輪流值班對那塊土地嚴加看守。這異常的舉動，撩撥起人們強烈的偷窺慾望。此舉的確顯得十分神祕，一塊馬鈴薯地怎麼會派哨兵日夜把守呢？周圍的農民無不好奇，不斷地趁著士兵的「疏忽」而溜進去偷馬鈴薯，小心翼翼地把偷來的馬鈴薯拿回去研究，種在自家地裡，看到底有何不同。哨兵對周圍的農民偷馬鈴薯，表面上似乎嚴禁，實際上則睜一眼閉一眼。當周圍農民種的馬鈴薯獲得豐收之後，所謂的「鬼蘋果」的優點也就廣為人知了。就這樣，透過這個巧妙的主意，馬鈴薯在法國普及開來，很快成為最受法國農民歡迎的農作物之一。馬鈴薯食品也昂然走進了千家萬戶。

人的每一種行為，每一種進步，都與自己的思維變通息息相關，離開了變通思維，人就什麼事情也辦不成了。之所以有的人成就了偉業，有的人卻碌碌無為一輩子，原因就在於變通思維的差異。其實，成功的機會無處不在，只是它更青睞於善於思考、善於變通的人。別人成功了，我們卻沒有，並不是別人運氣好，而是他們善於思考，對這個世界多了份觀察，對自己的生活多了份思考，在事情的解決方法中多添了一份變通。就像有人說的，這個世界不缺少能幹活的人，缺少的是會思考、會變通的人。許多成功人士一生不敗，關鍵就在於他們在為人處事中精通變通之道，進退之時，俯仰之間，都超人一等。

其實人與人之間，誰比誰聰明、誰比誰幸運並不是最大的差距，最大的差距在於誰思考更深入，變通更及時。因此，我們在生活中要勤於思考善於變通，對於一些別人解絕不了的問題，我們可以換個思路去解決；對於別人想不到的事情，我們要努力想到並實現。「只有想不到，沒有做不到」，這句稍顯誇張的話，從某種角度講，是有一定道理的。會思考、會變通的人是永遠不會被困難阻擋的，即使前面荊棘叢生，他們也能披荊斬棘，奮勇直前。

人的發展永遠都離不開機會，要想自己能夠把握機會、迎合機會、創造機會，那麼我們就必須不停地開動腦筋，運用智慧，否則我們就有可能會被時代淘汰。西方有一句諺語「上帝在關上一道門時，就會在別處為你打開一扇窗。」詩人陸游講：「山窮水盡疑無路，柳暗花明又一村。」只要我們不拒絕變化，並且善於運用變通的思維方式，不斷改變自己的觀念，我們就能抓住機會，走出困境，進入新的天地。

世間事物千奇百怪，變幻莫測，固定、單一的思維模式是不足以應對一切複雜多變的世事的。可以說世間唯一不變的真理就是「變」。在做事的時候，只有不斷變通，才可能繞開生活道路上的一切障礙，讓你輕鬆獲得成功。

大路車多走小路

一次從城東搭計程車去城西參加一個重要會議。因為時間較緊迫，我囑咐司機找一條最快的路。「那麼，只有走小路了，不過要繞多一點距離。」我奇怪地問為什麼走小路比大路更快。司機說：「現在是上班時間，大路上的私人汽車和大巴士很擁擠，因此要想快的話最好是繞一點的小路，因為小路車少不堵反而會更快一點。」司機的話為我上了一堂人生哲理課。

魯迅先生曾說過：「其實地上本沒有路，走的人多了，也便成了路。」而世間之路又有千千萬萬，綜而觀之不外乎兩類：直路和彎路。

毫無疑問，人們都願走直路，沐浴著和煦的微風，踏著輕快的步伐，踩著平坦的路面，這無疑是一種享受。相反，沒有人樂意去走彎路，在一般人眼裡彎路曲折艱險而又浪費時間。然而，人生的旅程中是彎路居多，山路彎彎，水路彎彎，人生之路亦彎彎，所以喜歡走直路的人要學會繞道而行。

學會繞道而行，迂迴前進，適用於生活中的許多領域。比如當你用一種方法思考一個問題和做一件事情時，如果遇到思路被堵塞之時，不妨另用他法，換個角度思索，換種方法重做，也許你就會茅塞頓開，豁然開朗，有種「山窮水盡疑無路，柳暗花明又一村」的感覺。

在一次歐洲籃球錦標賽上，保加利亞隊與捷克斯洛伐克隊相遇。當比賽只剩下八秒鐘時，保加利亞隊僅以兩分優勢領先，按一般比賽規則說來已穩操勝券，但是，那次錦標賽採用的是循環制，保加利亞隊必須贏球超過五分才能取勝。可要用僅剩的八秒鐘再贏三分絕非易事。

這時，保加利亞隊的教練突然請求暫停。當時許多人認為保加利亞隊大勢已去，被淘汰是不可避免的，該隊教練即使有回天之力，也很難力挽狂瀾。然而等到暫停結束比賽繼續進行時，球場上出現了一件令眾人意想不到的事情：只見保加利亞隊拿球的隊員突然運球向自家籃下跑去，並迅速起跳投籃，球應聲入網。這時，全場觀眾目瞪口呆，而全場比賽結束的時間到了。但是，當裁判員宣布雙方打成平手需要加時賽時，大家才恍然大悟。保加利亞隊這一出人意料之舉，為自己創造了一次起死回生的機會。加時賽的結果是保加利亞隊贏了六分，如願以償地晉級了。

如果保加利亞隊堅持以常規打完全場比賽，是絕對無法獲得真正的勝利的，而往自家籃下投球這一招，頗有迂迴前進之妙。在一般情況下，按常規辦事並不錯，但是，當常規已經不適應變化了的新情況時，就應打破常規，善於創新，另闢蹊徑。只有這樣，才可能化腐朽為神奇，在似乎絕望的困境中尋找到希望，創造出新的生機，取得出人意料的勝利。

當我們在生活中遇到走到路的盡頭，無路可走的情況時，回過頭來，繞道而行便可以找到一條新路，所以世上只有死路沒有絕路，而我們之所以往往會感到面對「絕路」，那是因為我們自己把路走絕了，或者說我們的目光短淺、思路狹隘，缺乏「繞道」迂迴的意識。

《孫子兵法》中說：「軍急之難者，以迂為直，以患為利。故迂其途，而誘之以利，後人發，先人至，此知迂直之計者也」。這段話的意思是說，軍事戰爭中遇到最難處理的局面時，可把迂迴的彎路當成直路，把災禍變成對自己有利的形勢。也就是說，在與敵的爭戰中迂迴繞路前進，往往可以在比敵方出發晚的情況下，先於敵方到達目的地。

在逆境當中，我們也應有迂迴前進的概念，凡事不妨換個角度和思路多想想。世上沒有絕對的直路，也沒有絕對的彎路。關鍵是看你怎麼走，怎麼把彎路走成直路。有了繞道而行的技巧和本領，彎路也就成直路了。

學會繞道而行，撥開層層雲霧，便可見明媚陽光。也許你曾經奮鬥過，也許你曾經追求過，但你認定的路上紅燈卻頻頻亮起。在你焦急無奈，恨天怨地時，不如繞道而行！

繞道而行，並不意味著你面對人生的逆境望而卻步，也並不意味著放棄，而是在審時度勢。繞道而行，不僅是一種生活方法，更是一種豁達和樂觀的生活態度和靈活應變的處事理念。大路車多走小路，小路人多爬山坡，以豁達的心態面對生活，敢於和善於走自己的路，這樣你永遠不會是一個失敗者，而是一個勇於開拓的創新者。

第十章　破解三十歲男人的六大困惑

三十是男人一個承上啟下的界碑：天真在這裡結束，成熟從這裡開始；輕鬆在這裡告別，重負從這裡上肩……三十歲的男人，在繼往開來的時刻，難免有這樣那樣的困惑。

還單身著的男人，可能會有「我是不是該成個家」了的想法。成家了的男人，或許又會為「圍城」內的煩惱而困惑。這些是內憂，還有外患：是否要換個工作，或者乾脆改行？要是自立門庭當老闆，感覺應該不錯，只是……

困惑、困惑、困惑。只有睿智的男人，才能在困惑的包裹中破繭而出、化蛹成蝶。

單身還是成家

曾經在電視的一期訪談節目中，看到一則這樣的故事。男主角只有高中學歷，立志當一個律師。於是，在業餘時間裡奮發圖強，自考了專科、大學學歷，在向律師證衝刺的時候，相戀已久的女孩要求與其結婚。男人覺得在衝刺的關鍵時刻裡，不能分心在私人問題上。那時，他們倆都年近三十了。在終身大事面前，女人對於三十歲比男人更敏感。於是，女人在最後一次哭求無效後，決然地離開了男人。等到男人奮勇地考得律師證回頭去找女人時，女人已經和他人結婚並有了自己的孩子。後來的幾年裡，男人在事業上發展很順利，有了自己的事務所，有房有車，卻一直沒有找到一個適合的戀人。他一直忘不了曾經的女友，並因此而生活在痛苦與悔恨之中。

那個「成功男人」面對鏡頭，幾次哽咽，他不明白是什麼導致了他今天的痛苦，不明白男人重事業究竟錯在哪裡。男人重事業沒有錯，他錯在固執地認為愛情（或婚姻）與事業有衝突。

愛情或婚姻不但可以不是事業的阻力，還可以成為事業的助力。對於三十歲的成熟男士來說，完全可以控制與協調好生活與事業的關係。你並不需要像年輕人一樣，天天與女朋友膩在一起，以至於荒蕪事業。相反，愛情還可以成為激勵自己在事業上努力的因子。婚姻也絕不是束縛一個人大展拳腳的籠子，和諧的婚姻是男人休息的溫柔港灣。俗話說，一個成功男人的背後，站著一個優秀的女人。以上面所提及的「成功男人」來說，不見得他當時與女友結婚會妨礙他考律師證。紅袖添香夜讀書，難道不是一種幸福的學習方式嗎？

三十歲左右的男人，除了極少數獨身主義者外，其他的單身男人常常會被所謂「先成家」還是「先立業」的問題所困惑。其實，這個命題根本就是一個偽命題。男人絕非成了家後就不能或不便立業，也絕非立業之後就能成一個理想的家。成家與立業之間沒有先後，沒有衝突。男人三十單身還是成家，一切看緣分。假使你遇到合適的對象，雙方自願的話儘管成家。

值得注意的是，男人在三十歲時不僅有事業上的危機感，在婚姻上也存在危機感（單身男人）。普遍的說法是，男人三十如果再不結婚的話，就過了一個關卡了，今後不太好找對象了。於是，一些三十歲左右的單身男人，難免會做出「為成家而成家」的事情。還有一些男人，只是為了結束游離不定的感情生活，或者想找個煮飯洗衣做家務的「長工」……

其實，一紙婚書，並不能保證給他帶來一個合適的配偶。倉促的婚姻，看似解決了單身問題，但彼此沒有深厚感情作為基礎，又沒有深入了解作為支柱，倉促蓋起來的婚姻大廈十有八九是「豆腐渣工程」，一有風吹雨打就會倒塌。這樣的「豆腐渣工程」，看似解決了你的「成家」問題，但埋下了一個更大的炸彈。

總之，男人三十，如果不願意獨身過一輩子的話，婚姻問題要主動，同時也要慎重。不要以事業為藉口錯過姻緣，也不要以年齡為藉口獲得婚姻。對於少數獨身主義者來說，選擇獨身當然無可厚非。只是，如果僅僅只是因為感情曾經受到過傷害，而對於異性或婚姻產生失望因而選擇獨身，並非明智之舉。獨身需要堅定的意志與強大的心靈，要做到這些比結婚更難。何況，人與人之間在品性上是有很大差異的，你曾經的遭遇並不具備普遍性。

七年之癢與三年之痛

日本厚生省有個離婚案件統計材料，其中婚後六到十年離婚的占離婚總數的百分之二十四點三，為第二離婚高峰。過了這個高峰，離婚案件就下降了。

為什麼戀人情投意合攜手進入洞房，而在經過六到十年的生活，大多有了活潑可愛的孩子後，婚姻的殿堂還會哀音繞樑，婚姻的長河中還會產生「七年之癢」式的門檻？一句話：

「厭倦和不勝負擔」。

人們對事物的珍重，往往在追求它的過程中顯得更突出，愛情也是這樣，在追求異性的過程中顯得無比的熱情和急切，一旦過上夫妻生活就會有所冷淡。

因而有人說：婚姻是愛情的墳墓。之所以有這種說法，是因為許多人對婚姻與愛情的關係並不了解，更有許多人乾脆把婚姻等同於愛情，以為愛情的甜蜜會順遂地進入婚姻，而且結婚前他們沒有做好心理準備，婚後又不注意使愛情保鮮，所以，必然從對婚姻的失望走向絕望，最後發出「婚姻是墳墓」的嘆息。

更令人感到憂慮的是：生活在都市裡的夫妻，所謂的七年之癢正在朝三年之痛發展。看來，生活節奏的加快，也加快了婚姻城堡中愛情之花的凋謝，七年之癢也好，三年之痛也罷，都是發生在男人三十歲左右，因此，三十歲的已婚男人不可不多花點心思在婚姻的經營上。

一位男士有天晚飯後正在家中看電視，不知結婚三年的太太在一旁嘮叨些什麼，他專注地盯著電視，沒去理會。

這時太太突然一下站了起來，開始在客廳裡翻箱倒櫃找東西，找著找著，逼近了他身旁，甚至把他坐著的沙發墊也給翻了過來。

這下他實在忍不住，便開口問：「你到底在找什麼？」

她說：「我在找我們感情中的浪漫，好久沒看到了，你知道它在哪嗎？」

這個回答既幽默又令人心痛，也道出了許多老夫老妻心中的無奈。

在一起久了，感情的確穩定下來，但風味似乎也由濃烈轉為清淡。原先的激情不再，猛一回首，才驚覺自己手中一路捧著的愛情之花早已如風乾的玫瑰，變味走調多時。

這陣子演藝圈不時傳出消息，許多愛情長跑多年的銀幕情侶紛紛宣布分手，而普普通通的你我也聽到周圍朋友分分離離的消息此起彼落，不禁讓人擔心起來，愛情是否真是無常。

其實對待愛情，就應該如同照顧魚缸中的熱帶魚，必須常常換水以保新鮮，這樣五顏六色的熱帶魚才能自在、順心地搖擺出絢爛的生命力。

美國心理學家有個不錯的建議，他稱之為「親密大補貼」，是一個三乘三處方，亦即一天三次、一次三分鐘，主動對另一半表達你的愛意。

每天的三次分別在什麼時間進行比較好呢？不妨試試早上下床前、白天上班時以及晚上就寢前。

早上睜開眼，先別急著下床，可以抱抱另一半，享受跟心愛的人一起睡醒的溫暖；還有，在白天找個時間通三分鐘電話，告訴對方你正想著他；另外，晚上臨睡前，更該花些時間相互表達濃情蜜意。

這個做法非常合乎快樂的原則，因為快樂感不能一暴十寒，而是源於隨時產生的小小成就感累加後的效應。

把你的愛情當成魚缸中的熱帶魚，使用三乘三「親密大補貼」來細心照料，你會發現，你的愛情將能永保新鮮。你將與你的愛人一起，手捧著甜蜜與幸福的玫瑰走完一生！

雞肋婚姻的取捨

所有關於王子與公主的美麗童話，不管中間的內容是如何不同，最終的結果一定是他們終於在一起。至於在一起後的故事，要不是語焉不詳地說「過著幸福快樂的生活」，就是乾脆戛然而止。必須承認，婚姻不是什麼太好的東西，至少沒有愛情那麼唯美。但我們放下高談闊論面對生活的時候又會發現，沒結婚的大都成雙成對談戀愛，盼著早結美滿良緣；結了婚的生兒育女買房購車，小日子過得有滋有味，在「墳墓」和「火炕」裡待得好好的。當然，也有占婚姻總數百分之十的人離婚了，但仔細一想，這是婚姻本身的錯嗎？

這個世界上恐怕沒有誰是為了仇恨而相愛，為了離婚而結婚的，但是，走入圍城的男男女女們總是會發出「相愛容易相處難」的感嘆。有時，家似乎變成了一個沒有硝煙的戰場，夫妻如對壘的兩軍。身處尷尬的圍城當中，你選擇留守還是突圍？

有人曾把婚姻分為四種：可惡的婚姻、可忍的婚姻、可過的婚姻和可意的婚姻。第一種因為其品質的低劣讓人忍無可忍，肯定是要解散的，而最後一種則是一種理想，我們常用一個詞來形容——神仙眷侶。但這種婚姻就像一見鍾情的愛情，可遇而不可求。我們的婚姻，大多是可忍或可過的。它當然是不完美的，有缺陷的，讓人心酸而無奈的，繼續下去不甘心，放棄又有太多的牽絆。它是我們心頭的一個刺，隱隱地痛著，又拔不去。

放棄可惡的婚姻能輕易為自己找到足夠的理由，並因此獲得勇氣。但放棄可過、可忍的婚姻，則需要一點破釜沉舟的果斷，當然，還要有一些賭徒的冒險精神——這是給自己一個機會，還是把自己逼向更危險的懸崖？許多離了數次婚又結了數次婚的人，還是沒有尋找到他們理想的生活，這樣的局面讓他們沮喪，甚至沒有再試一次的勇氣。

據說，現在某些離婚者不需要什麼理由了，如果非得給自己找理由，那或許是：我們在一起，沒有感覺。這是一種非常曖昧的說法，也許，在我們看來，他們的婚姻至少是風平浪靜的，是可以心平氣和過下去的，但當事人卻覺得快窒息了，要逃離出來。據說他們是一群完美主義者，他們在尋找一種理想的婚姻狀態，他們採取的是一種置之死地而後生的做法：先斷掉自己所有的退路，然後去找一條通向幸福的捷徑。

但選擇婚姻就像是射箭，無論你感覺自己瞄得有多準，在箭出去之後，它能否正中靶心，誰也不敢肯定——如果當時起了一陣微風，或者箭本身有些小故障，總之，一些不可預知的小意外，常常令結果撲朔迷離。婚姻也充滿了意外，我相信大多數男女在互贈鑽戒的那一刻，心中一定欣喜不已，以為自己的婚姻肯定會是圓滿的。但後來，他可能變心了，她可能失去了如玉的容顏，某人失業了，某人性格變惡劣了，這些在結婚前沒有預想過的意外，一樣樣地凸現出來，讓人措手不及。

其實，婚姻是一種有缺陷的生活，完美無缺的婚姻只存在於戀愛時的遐想裡，當然，那些婚姻屢敗者也許還固守著這個殘破的理想。上帝總有些苛刻，或者說公平，他不會把所有的幸運和幸福降在一個人身上，有愛情的不一定有金錢，有金錢的不一定有快樂，有快樂的不一定有健康，有健康的不一定有激情。嚮往和追求美滿精緻的婚姻，就像希望花園裡的玫瑰全在一個清晨怒放，那是跟自己過不去。

破壞婚姻也許不如建設婚姻。許多被大家看好的婚姻因為當事人的漫不經心、吹毛求疵、急不可耐可能很快就被破壞了；而那些在眾人眼裡粗陋不堪的婚姻，因為兩個人用心、細緻、鍥而不捨地經營，就如一棵纖弱的樹，後來居然能枝繁葉茂，鬱鬱蔥蔥。可忍或可過的婚姻大抵也是如此，當事人稍一怠慢，它可能很快就會枯萎、凋零，而雙方用一種更積極的心態去修補、保養、維護，也許奇蹟就會發生。

然而，當一切努力都於事無補，婚姻已經千瘡百孔的時候，也許放手是最好的選擇。給自己一條生路，也給對方一條生路。

該跳槽了嗎

周海最近一段時間異常煩悶，他突然感覺自己失去了目標，竟不知道自己明天的路在哪裡。

周海從小就不是那種安分守己的人，他腦筋很活絡，凡事圖個新鮮。大學是遠離家鄉就讀，畢業後去了南部，後來又北上，將居住在臺北。他總是覺得熟悉的地方沒有好風景。如此心態，也令其職業生涯不是那麼中規中矩，而是充滿了變數。最開始，他在一家雜誌社做編輯，那時倒也是意氣風發，但剛開始的新鮮感一過，他就覺得提不起興致來了，一天到晚無精打采。「不行，不能這樣下去！」周海決定及時轉舵，這次他跳到一家IT公司工作。做了兩年以後，他還是感覺沒意思，怎麼辦？

當然還是跳！那時正趕上投資熱，於是周海又選擇了新的職業，投到了諮詢公司門下。孰料這行業看著簡單，可實際操作起來卻並非易事，做起來總是「眼高手低」，工作一段時間後，也絲毫沒什麼起色。況且，那裡的氛圍也並不舒心。於是乎，當初的豪情化作困頓和憂慮。周海又做好了跳槽的準備。可這次，他卻很茫然了，不知往何處跳？他考慮再三，最後瞄準了一家外商公司，跳了過去。但這次的落腳點仍然不穩，俗話說，隔行如隔山，又要重新適應環境，因而工作上始終很難有大突破，一直停滯不前。對此，周海憂慮重重。

周海病了，無法堅持正常工作，他神思恍惚，只能終日昏昏沉沉地躺在床上。人倒下了，思緒也飄得很遠很遠，他不明白，自己並不是一個保守之人，總是在求新求異求變，卻為何還落得如此境地？！

表面看起來，周海確實是在與時俱進，經歷的幾個公司都是他選擇時較熱門的行業。對於熱門行業他盯得很準，但是跳槽時並沒有充分考慮自己是不是具備某一環境的能力。因而，他的職業軌跡很混亂，每一次跳槽幾乎都是從頭再來。轉型搭不上鏈，供血不足，注定會在頻繁的轉向中暈頭。周海的當務之急是用心設計好自己的職業生涯，注重職業的關聯度，令所有的枝葉都圍繞著主幹生長，並相輔相成，相互給養，這樣事業之樹才能益發繁茂、蒼翠。

經濟和社會的迅速發展，客觀上為我們提供了更大的選擇自由和發展空間。對於三十歲的男人來說，新的知識與老的經驗正處於一個比較適中的結合期，展現在其面前的是具有更多選擇工作單位的資本。因此，跳槽成為不少三十歲男人的一個困惑。

跳有跳的理由，無非是在新的公司有更大的誘惑或舊的公司不再令自己有成就感。不跳有不跳的理由，舊公司的工作環境、流程已經非常熟悉，操作起來得心應手。如同逆流而上的魚，跳槽是一次新的冒險。有的人能夠如願以償，越跳越高；有的人卻鬧得人仰馬翻，重重摔一跤。可見，跳槽要三思而後跳，盲目地跳槽並不可取。

據說，現在正規公司在應徵時，對應徵者的資歷背景一般都有極其嚴格的要求，他們不喜歡頻頻跳槽的應徵者。某知名企業的人事經理說，很多人跳槽是盲目的，沒有經過深思熟慮，對市場中的需求狀況也不了解，往往出於意氣用事，見異思遷，追求高薪水或定位不準。因此，在人才市場中，不少人不是越跳越高，而是越跳越糟。

既然跳槽有這麼大的風險，你在確定跳槽之前，一定要確定自己到底為什麼要找新工作，三思而後行，弄清楚想換工作是因為性格不合，還是環境因素或人事問題。什麼工作都會有壓力，有時我們必須學會應付、適應環境。即使真的要跳槽，也不妨留在現在職位觀察一段時間，看它到底是否適合你。

記住：跳槽不應只是你對高薪或高一級職位的追求，而是對職業生涯進一步發展的追求。越跳越高，高的不僅僅是薪水和職位，更重要的是，使你的職業生涯步入更高階段。每一次跳槽，都應該對自己的職業和發展目標做重新設定。

要轉行了嗎

轉行說起來容易，真正下決心去做卻很難。對於原來的行業，就算你已經是「愛到盡頭」，心中沒有一絲熱情，離開它不會有半點留戀，但捨棄一個輕車熟路的行業，去開拓一個有些陌生的領域，任何人都會有些躊躇與猶豫。曾經的工作經驗、履歷，甚至專業學歷，在轉行之後都可能接近歸零。一切需要從頭再來。

不管身處哪個行業從事何種工作，我們每個人都必須要賺錢過日子，以使自己在保證生存的基礎上，獲得身為男人的成就感。因此檢查自己目前的職業角色，評估自己從中能獲得多大的滿足，將有助於規劃個人成功的人生。因此我們有必要仔細評估自己目前的行業，以便發現這個行業是否能給予我們滿足感，是否具有發展機會。

我們要永遠清醒地認識到，沒有一種行業與職業是十全十美的。對於職業的滿足與否，應基於個人的事業原動力以及是否能因此種職業使自己獲益。

行業對從業者的影響很大，從某個角度來看，行業是耗用時間並局限人的事。例如，送信的郵差，可能十年如一日，每天早起挨家挨戶送信，而他全部的生活就是環繞這個郵遞責任所構成。所以，行業也可說是一個枷鎖，它在無形中限制了從業者的行動範圍。

滿足的可能，是建立在行業的結構中。以超級市場的收銀員為例，她每天站在收銀機旁八個小時，敲打一大堆數字。儘管這工作與許多人接觸，卻很少有能夠表現她個人創意和個性的機會。

由此可見，我們有必要十分謹慎地選擇自己所想從事的行業，並及早看清楚此項行業是否提供我們滿足的可能，如果做不到這一點，便可能會阻礙我們的發展。例如，有一位製圖員說：「我的日子都是坐在製圖桌旁，設計製造一些造型。隨著時間的流逝，這工作便越來越顯得沒有意義，而且將我與別人完全隔絕。」

據統計，差不多有百分之九十的人都會對他們工作的某方面感到不滿。主要的不滿，皆與工作要求和與個人當時的事業原動力相背有關。

我們在剛剛走出學校大門時，第一個工作大多是在匆忙之中選定的。為了生活，顧不了那麼多。這個工作一日一日地做下去，一年兩年過去了，人混熟了，經驗也有了。有的從此安安分分地上他的班，最多換換新的公司，為自己尋求較好的待遇和工作環境；有的則運用已經學到的經驗，自己創業當老闆；有的則轉行，到別的天地試試運氣。

到了三十歲左右，轉行的想法有百分之八十以上的人都有過，光是想當然沒什麼關係，如果真的要轉行，那麼一定要考慮幾個因素：

▼我的本行是不是沒有發展了？同行的看法如何？專家的看法又如何？如果真的已沒有多大發展，有沒有其他出路？如果有人一樣做得好，是否說明了所謂的「沒有多大發展」是一種錯誤的認識？

▼我是不是真的不喜歡這個行業？或是這個行業根本無法讓我的能力得到充分的發揮？換句話說，是不是越做越沒趣，越做越痛苦呢？

▼對未來所要轉換行業的性質及前景，我是不是有充分的了解？我的能力在新的行業是不是能如魚得水？而我對新行業的了解是否來自客觀的事實和理性的評估，而不是急著要逃離本行所引起的一廂情願式的自我欺騙？

▼轉換行業就像另選樹幹往上爬，退下來容易，重新爬另一棵樹卻得有個過程。在這一過程中，收入的減少和職位的降低很難避免，面對青黃不接的生活，你是不是做好了準備？

如果你對以上幾點都進行了全面的考量，得出的還是改行的決定的話，就大膽地實施改行吧！三十歲的男人，改行的阻力比四十歲要小，舊的包袱還不太重，對於新事物的接受能力也比較強。一個人在舊「樹幹」上待得越久、爬得越高的人，退下來轉新「樹幹」的難度也就越大。一個人不管在舊樹幹上爬得多高或多低，只要認為轉化方向是必然的選擇，就千萬不要猶豫。等待、觀望的時間越長，所付出的代價也就越大。相反，越是及時作出反應，其相應代價的可控制程度也就越高。

讓一個人放棄所熟悉甚至已有成就的領域而轉投他行確實不易，不但要從頭學起，從頭做起，而且還要承擔經濟上的損失和精神上的壓力。但在今天這個日新月異、花樣迭出的時代，新的商業模式及新的職位不斷出現，同時也有許多崗位遭到淘汰，誰也無法保證十年之後自己不換工作。在這種情況下，未雨綢繆地改行，也不失為一種適應時代潮流的方式。

受僱還是創業

自己為自己工作，讓別人替自己工作，幾乎是每一個男人的夢想。創業造就了很多成功的人，創業對於男人成功具有非凡的意義。無數雄心勃勃的人透過創業活動，改變了自己的人生，同時也為其他人創造了巨大的價值。

創業正是我們時代的潮流，也是一次人生的革命。可以這樣說，創業是人生一次高級的規劃與實踐。

然而，創業雖好，卻不能為了創業而創業。畢竟，一將成名萬骨枯。在那些創業明星的輝煌背後，有著萬千黯然的失敗痛楚。收益與風險成正比，你準備好了嗎？

創辦自己的企業可能會帶來非常誘人的回報。不過，在你決定辭職做老闆之前，還應仔細思量。對做個領薪水的職員與自己當老闆這一問題，不能簡單地分為孰優孰劣。因為角色的不同，所承擔的責任與義務也不同，很難說哪一種更好。

在人們眼中，老闆是能夠獨立承擔風險、頗富創新意識的偶像。與此相對，薪水族則是去公司謀職，參與團隊工作。從薪水族轉變為老闆，實際上有哪些不同呢？

讓我們先設想一下，自己是一次船難事件的唯一倖存者，被困在一座孤島上。一分鐘以前，你的飲食、娛樂等所有需求都有人照顧，現在這一切突然沒有了。你如何才能活下去，如何才能保持自己的士氣呢？如果一時無人搭救，你會適應並喜歡上這種新生活嗎？

從薪水族轉向老闆的旅途充滿艱難險阻。三十歲的你有充分的準備去迎接這一挑戰嗎？你是不是適合做創業家？對此，先請你回答以下的幾個問題，看一看自己的成功機率有多大。

你是否懷念在公司的工作？一些人對在公司的工作十分懷念並做得很有成就感。

你為什麼要離開公司？很多成功的創業者之所以離開他們的公司，是因為他們有一個了不起的新創意。這種新創意是一種能量的泉源，可以補償其身為獨立商時的資源匱乏。

你的人際關係如何？與各種不同行業的人建立關係，是你不斷開拓業務的關鍵技能。

你如何應付不同的壓力？做老闆，很難把個人生活與商業困境分離開來。

現在是合適的時機嗎？當你離開公司創業時，你的經濟和個人壓力應是最小的。

你真的想自己做老闆嗎？你一人獨力支撐時，該如何去面對？因為你的顧客、合作夥伴、投資者其實也是你的「老闆」。他們和公司裡那些只顧自己的老闆一樣，會令你的生活不堪重負。

你是否非常渴望成為老闆？如果答案是否定的，最好三思。你必須要有做老闆的那種熱情，才有可能驅使自己走向成功。

你能夠放棄哪些東西呢？在決定離開公司的時候，一些薪水族只顧想著它的種種好處。其實，身為老闆，有些損失也會使人覺得難以承受。

▼**固定的薪資收入**：等待投資回報的時間十分令人焦心。如果你習慣了每月按時收到薪資單的生活，這種難受尤甚。

▼**資源**：身為老闆，大部分工作都必須你自己來做，並要為所有資源支付酬金。

▼**個人時間**：老闆的工作時間較薪水族更長、更沒有規律。

▼**有薪假期**：身為老闆，休兩週的假回來，你得加倍努力工作，以補償休假的時間。

▼**獎賞**：在創業初期，你不可能享受到原來公司所給的那些獎賞。

▼**地位**：原來在著名企業中的職位和關係可能就會喪失。

選擇就是一種取捨，你把方方面面的得失考慮清楚後，做出的選擇一定會更理性。

不管你的選擇是受僱還是創業，都請你帶著四十歲人所不具備的激情與活力，以及二十歲男人所不具備的經驗和理性勇敢地走自己的路！

第十一章　手捧著幸福走向成功

事業成功與人生幸福這兩者之間的關係，經常讓男人們感到困惑。很多男人認為事業成功是人生幸福的前提，不少男人認為事業成功的路上，需要犧牲必要的人生幸福——所謂的先苦後甜。真的是這樣嗎？

為了明天的成功，一定要放棄今天的幸福嗎？沒有輝煌的事業，是否也能幸福？通往成功的路上，我們是否能一路歡歌笑語？人生過了一半，三十歲的男人急需考慮的是：如何手捧幸福去成功，而不是為了明天的成功犧牲今天的幸福。

你根本就不必為了事業而「犧牲」自己生活中的幸福，男人在走向事業巔峰時的理智路線，是「幸福著去成功」，而不是「成功之後再去找幸福」。事業的成功與否，我們只能盡人事以待天命。但對於生活的幸福與否，卻是實實在在操之在手的。男人們在為事業打拚的時候，千萬不可忽略了自己的、家人的生活。

讓我們幸福著去成功！

謹防成功成為毒藥

我的一個同學，他高中畢業後就在家鄉的小鎮裡頂替退休父親的職位，做了一名送信兼送書報的郵差，臨時工的身分，拿著兩萬左右的月薪。而我卻遠赴異地打拚，忽而南下、忽而北上，日子過得忙碌而緊張。我在看似波瀾壯闊中描劃著自己的前程，他卻在平靜如水中享受著寧靜與安逸。每次回老家，我都能看見他騎著單車慢悠悠地在鎮子裡穿梭，口裡吹著輕快的口哨。他的日子千篇一律、乏善可陳，唯一有趣的是他的姻緣。一次他上樓送信給人，下樓時遇到一個騎著沒剎車的單車的冒失鬼。冒失鬼騎車速度很快，看見他時已經來不及剎車，便大喊：「別動，別動！」他果然站定不動，但冒失鬼的單車還是結結實實地撞在他身上，使其倒地。他爬起來，嘟噥了一句：「原來你叫我別動是要瞄準我啊，早知道我就動了。」冒失鬼差點摔倒，正低頭扶單車，聽到這句話後「噗哧」一笑，單車扶了一半又倒在地上。他連忙幫冒失鬼扶起單車。兩人立定之後，他這才發現這個冒失鬼原來是小鎮裡最漂亮的女孩。因為這件事，他結識了這個漂亮的女孩。後來，這個女孩成了他這個相貌平平、事業平平的普通人的妻子，這著實令小鎮裡很多男孩鬱悶了很久。

我這個郵差同學還是一如既往地過著他平淡的生活，小鎮裡的每一個角落都響起過他歡快的口哨。我曾經一直不屑於他的平淡，甚至認為他沒有出息。後來我才慢慢地明白，他其實是一個很成功的人。儘管他的身上沒有貼著「錢、權、名」的「成功」標籤，但他是幸福的。一個感覺幸福的人，就是最成功的人。人因為幸福而成功，不是因為成功而幸福。

是誰斷定了沒有很多錢、沒有很大權的人生就是沒有價值的人生？很多錢又是多少錢，很大權又是多大權？人生除了成功或者失敗，就沒有其他的路可走了嗎？

錢、權、名聲是財富，快樂與身心健康同樣是財富。而世俗的成功，往往過於注重前者而忽略了後者。我們為世俗的成功付出太多了，足可以列一個長長的清單：精力、體力、時間、健康、親情甚至愛情……多少我們生活中有關幸福的元素，在「成功」的藉口中被我們忽視、漠視、擯棄。《史記》中說「利令智昏」，一個人為了「利」，最容易喪失自己的智慧而做出蠢事，把自己推入泥潭。而世俗的成功，無一不與「利」有關。就這樣，成功變成一味毒藥，毒害了幸福肌理，而我們卻欲罷不能。

當幾乎所有的人都被置於「成功或失敗」二元對立語境下，這個社會肯定出了問題。成功虛幻得只存在於別人眼裡，幸福卻真實地扎根於自己心中。當那麼多人被「榜樣」和「導師」激勵著踏上漫漫「成功」征途時，有誰為自己的幸福感而設計過人生？

少談些成功，多講些幸福。就像我那個做郵差的同學一樣，成天吹著口哨，滿足於自己的職業，滿足於自己的小日子。他感覺很幸福。感覺幸福，難道不是一種成功？

也許，只有狠下心來，和世俗的「成功」說拜拜，我們才能心平氣和地去經營心中那塊荒蕪已久的幸福田園，讓幸福之花次第開放！

走得太快會丟失靈魂

在義大利大導演安東尼奧尼的電影《在雲端上的情與慾》（*Al di là delle nuvole*）裡，女主角在咖啡館裡為男主角講了一個有趣的故事：在墨西哥，有學者要到高山頂上印加人的城市去，他們僱了一群印加挑夫運送行李。途中，這群挑夫突然坐下來不走了，學者怎麼心急煩躁地催促他們也沒有效果，並且一坐就是幾小時。後來，他們的首領才說出挑夫不走的理由。因為他們走得太快，把靈魂丟在了後面，他們在等待靈魂。首領說：「每當我們急行了三天，就一定要停下來，等等靈魂。」

《菜根譚》裡有這樣一句話：「憂勤是美德，太苦則無以適性怡情。」這句話其實和墨西哥土著所謂的「靈魂丟失」說有異曲同工之妙。這句話的大意是說，盡心盡力去做事是一種很好的美德，但是過於辛苦地投入，就會失去愉快的心情和爽朗的精神。靈魂也好，愉快的心情和爽朗的精神也罷，都是人的幸福之本。沒有靈魂，人不過是行屍走肉而已；沒有愉快的心情和爽朗的精神，還有什麼人生的樂趣呢？

努力奮鬥是一種優秀的品質，但努力也應該講個時機，有一個限度。人生應該像一幅國畫，要濃淡相宜，疏密合理。濃墨鋪滿的畫並不好看。在國畫藝術中，有一種技法叫「留白」。留白要求畫畫時不可滿紙著墨，要適當留些空白。香港作家陶傑在一篇文章中說：「中國的水墨畫，講究留白。即沒有筆墨的地方，有天和水之空靈，畫意深遠。此代表了中華文藝的言簡意深，也是中國傳統哲學中做人的哲學。含蓄而處世，練達而人情。禪宗的佛偈，也是一種留白的哲學，菩薩低眉式的留白，是生活的最高藝術。」

留白能夠突出畫的主體，使畫不會出現雜亂無章的情形，同時也能夠使觀賞者進行無限的遐想，因此有所謂「留白天地寬」的說法。有些心懷大志的人，為了珍惜人生的光陰，習慣將每天的日程安排得滿滿的，不停地奔波。即使再累，也得支撐著。這種老黃牛式的精神被不少人推崇。但正如國畫需要留白一樣，你的人生也需要留白。

三十歲的男人，不少都難免有為別人而活的感慨。為公司，為社會，為父母，為老婆，為孩子，為朋友……有些是你的義務，有些是你的責任，正值當年的你在很多事情中忙得團團轉，很難騰出時間與精力去做自己真正想做的事。感覺上好像每個人都想侵占一點你的時間，只有你自己一點時間也沒有。唯一的解決之道是與自己定個約會，就像你與醫生或好友訂下約會一樣。除非有意外事故，否則你要謹守約定。和自己訂約會的方法很簡單：在日曆上劃出幾個不讓任何人打擾的空白日子。一週一次或一個月一次都可以，而且時間長短不限，就算只是幾小時也可以，重點在於你為自己留下了一點空白，這段空白的時光對你的心靈有平衡與滋養的作用。當別人要跟你約定時間時，絕對不能將這段神聖的留白時光犧牲了。你要特別珍惜這樣的時光，甚至比任何時光都重要。別擔心，你絕不會因此而變成一個自私的人，相反，當你再度感到生命是屬於自己的時候，你會感到無盡的歡樂，也能更輕易地滿足別人的需要。

好了，讓我們讀一首英國作家威廉．亨利．戴維斯的小詩，以此來體會什麼是享受悠閒的歡樂，如何享受悠閒的快樂！

這不叫什麼生活，
總是忙忙碌碌，
沒有停一停，看一看的時間。

沒有時間站在樹蔭下，
像小羊那樣盡情瞻望。
沒有時間看到，
在走過樹林時，
松鼠把殼果往草叢裡收藏。
沒有時間看到，
在大好陽光下，
流水像夜空般群星點點閃閃。
沒有時間注意到少女的流盼，
觀賞她雙足起舞蹁躚。
沒有時間等待她眉間的柔情，
展開成唇邊的微笑。

順其自然的樸素哲理

有個弟子非常苦惱地問法然上人：「師父，我一心念佛，但是不管我如何專心誠意，有時候總免不了不知不覺地打瞌睡，您有沒有什麼辦法，幫我克服嗎？」

法然上人回答：「很簡單，你只要在清醒時念佛就可以了。」

法然上人一句非常簡單的話，其實包含了樸素的哲理，那就是：人在任何時候都不要勉強自己。

有一個非常聰慧的女孩，一直夢想成為一個鋼琴演奏家。為了實現這個目標，她決心考上專門的音樂院校。為此，她每天都堅持放學回家後練鋼琴四個小時。不管多麼困多麼累，三年裡她從未偷懶過一天。

但是，有一天，女孩突然對於彈鋼琴產生了強烈的反感。她甚至能夠聞到她以前所從來沒有聞到過的鋼琴氣味，而且一聞就頭痛，要嘔吐。

針對這個奇怪的現象，女孩的父母百思不得其解：明明鋼琴是好好的，為什麼突然變得有氣味了？而且這個氣味只有女孩能聞到，其他任何人卻都聞不到？

這種現象持續了很久。終於，在別人的建議下，女孩的父母帶她去了一家大醫院。醫生的診斷是女孩患了精神官能症，病因是由於過於刻苦地練習鋼琴，潛意識中對鋼琴產生了強烈的厭惡，由這種厭惡而帶來了鋼琴有氣味的幻覺。

彈鋼琴本來就是一種可以陶冶情操的好手段，但因為這個女孩過於「痴迷」彈鋼琴，結果情操沒有得到陶冶，反而給自己的心靈帶來了傷害。

做什麼事情都最好是自然一些，不要勉強自己。否則，過多的付出反而可能產生負面效果。

禪中自有大智慧，我們不妨再來看一節關於禪的小故事。

嚴冬將過，寺廟的空地上滿是塵土。小和尚對禪師說：「師父，快撒點種子吧，好難看啊。」

「等天氣暖和了，」禪師說，「隨時。」

立春到了，禪師買了一包草籽，叫小和尚去播種。春風一起，草籽邊撒邊飄。小和尚慌慌張張地稟告禪師：「師父，不好了，好多種子都被風吹跑了。」

「沒關係，被風吹走的多半是空的，撒下去也發不了芽。」禪師說，「隨性。」

小和尚剛剛撒完種子，幾隻小鳥就湊上來搗亂。「唉，種子都快被鳥吃光了。」小和尚向禪師報告。

「放心，種子四處撒落，鳥是吃不完的。」禪師揮了揮手說，「隨意。」

一場飄潑的大雨整整下了一夜，小和尚在天剛濛濛亮就跑進禪房：「師傅，這下可真完了，好多草籽被雨沖走了。」

「沖到哪裡，就在那裡發芽。」禪師面目安詳地說，「隨緣。」

幾天過去了，原本光禿禿的地面居然探頭探腦地露出一些綠意，甚至一些原來沒有播種的角落也染上了綠色。小和尚高興地向禪師報告好消息。

禪師點了點頭，說，「隨喜。」

禪師是悟道高人，一簞食、一瓢飲足矣。而我等生活在滾滾紅塵中的俗人，要做到他那種隨時、隨性、隨意、隨緣、隨喜的境界，多少顯得有些困難。畢竟，功名的誘惑、家庭的負擔、個人的發展乃至社會的進步，都需要一定的進取、抗爭與改變精神。我們只是希望，在內心浮躁時、在忙得一塌糊塗時，要記得給自己一點淡定與從容。

為健康多花點心思

健康的重要性毋庸多說，不過三十歲的男人卻很少擔心或操心過自己的健康。我的身體一直很好啊（三十歲前有幾個身體不好的人），我沒有時間去考慮啊（等你健康出了問題時你就有時間了）……理由很多。

美國哈佛大學健康管理研究負責人米納克認為，一般人只要從三十五歲開始，加強自身的健康管理，養成良好的生活習慣，可望延長七年壽命。因為有規律、健康的生活習慣，對心血管疾病、高血脂、高血壓等幾種「老年病」有改善的效果。只要能持之以恆，在生命的黃昏期，依然可以過著健康、有自主能力的生活。

人到三十，正是健康狀況由頂點走下坡路的開始。三十歲的男人如果在這時開始注意健康管理，會為將來的健康打下一個非常好的基礎。健康首先來自於良好的生活習慣，而良好的生活習慣首先要求遠離不良的生活習慣。常見的不良習慣有很多很多，就看能不能下決心徹底遠離它。

男人的不良習慣有很多，如嗜酒、酗酒、嗜菸、嗜賭。有專家說得好，在危害健康的諸因素中，最嚴重的莫過於不良嗜好所起的作用持久而普遍。

不良生活習慣不可輕視。如衛生習慣差，病從口入，易得胃腸傳染病或寄生蟲病；暴飲暴食者易患胃病、消化不良以及易於致命的急性胰腺炎；愛吃高脂及高鹽食者，最易患高血壓、冠心病等。一旦不良習慣養成，對健康的危害作用就會經常出現。

濫用藥物。有關專家指出，當前藥害已成為僅次於煙害和酒害的第三大「公害」。全世界每年死於藥害者不下幾十萬人，為此，欲求健康長壽，必須停止濫用藥物，包括濫用抗生素及補養藥品。補藥用之不當，也會傷人。

勞累過度或生活懶散。有的優秀中年知識分子，還有很多中年企業家英年早逝，其主要原因就是他們的用腦過度和生活無規律。古今中外，沒有一個生活無規律者能夠長壽。而生活有規律，起居有時，飲食有節，恰恰是長壽者共有的特點。

不講究心理衛生。隨著醫學科學的進展，人們越來越明確地認識到精神（心理）因素在一些疾病的發生、發展上具有特殊的重要地位。比如，強烈的焦慮，長期持續緊張、憤怒和壓抑等，常常是身心性疾病（高血壓、冠心病等）的誘發因素，並能使病情加重。又如，長期或強烈的惡性精神刺激所引起的惡劣心境（憂慮、哀愁、恐怖等），同時還會降低人體的免疫功能，使人較容易患癌症。

為了糾正不良的生活方式和不健康的行為，科學家提出應從十個方面來加以改善。

▼心胸豁達，情緒樂觀，善於處理各種矛盾和複雜的人際關係。

▼合理設計飲食，既要防止營養不足，又要避免營養過剩，堅持平衡膳食。

▼勞逸結合，堅持鍛鍊，特別是腦力勞動者、企業界人士，更應當經常擠時間參加體育活動。

▼生活有規律、起居正常，善用閒暇、苦中求樂。

▼不吸菸（包括被動吸菸），不酗酒。

▼家庭和睦，生活安定，氣氛融洽。

▼與人為善，自尊自重，大事不糊塗、小事不計較。

▼講衛生，愛清潔，注意安全。

▼合理用藥，不亂給自己開藥方，有病早治，無病早防。

▼保持健康的性行為，不縱欲，特別要避免不潔性行為。

給家庭多一點時間

我的一個朋友最近與妻子離了婚，他們衝突的理由很簡單：女方埋怨男方在家的時間太少，只是把家當成一個旅社，男方則認為自己奮力在外打拚正是為了這個家。互相的埋怨累積久了，少不了爭吵與冷戰。時間一長，兩人終於越走越遠……

朋友和我傾訴時，我們在一家咖啡廳喝咖啡。朋友和他的妻子是大學同學，畢業後一起來大城市打拚。和所有異鄉創業者走過的坎坷一樣，他們清貧而又快樂地工作與生活過。從租住在陰暗的地下室，到租住嘈雜的平房，再到租住小社區樓房……他們居所的改變，反映出他們處境的好轉。七年之後，他們終於實現了曾在地下室許下的諾言：買了屬於自己的房子。後來，小房子換成了大房子，兩個人變成了三個人……深埋在地下室裡的種子，終於生根發芽、茁壯長大、開花結果，他們終於有了一個屬於自己的家！

然而，有了有形的家後，他們之間漸漸出現了我們開頭所說的衝突。類似的情景劇我們都不怎麼陌生。處身都市的快節奏與高壓力之下，不少男人疲於奔命。他們有很多理由忙碌，但這些理由都不能構成忽略家庭的理由。

我們的一切努力，是為了人生的幸福。人生的幸福不僅僅是你當了多大的官，賺了多少的錢，它的內涵很豐富。除了看得見的「幸福」，還有許多無形的「幸福」。

初學英文的時候，我常常搞不懂家的幾種說法，即HOME和HOUSE各有什麼不同。後來才知道，前者是指抽象、無形的家，後者是指具體、有形的家，而我們中文所說的家則包含了其中的全部含義。

一位父親下班回到家很晚了，很累並且有點煩，他發現他五歲的兒子靠在門旁等他。

「我可以問你一個問題嗎？」「什麼問題？」「爸，你一小時可以賺多少錢？」「這與你無關，你為什麼問這個問題？」父親生氣地說。「我只是想知道，請告訴我，你一小時賺多少錢？」小孩哀求。「假如你一定要知道的話，我一小時大概賺三百元。」父親將自己的薪水與工作時間作了一個簡單的換算。

「喔，爸，我現在有三百元了，我可以向你買一個小時的時間嗎？明天請早一點回家，我想和你一起吃晚餐。」

這個故事讓人動容：時間可以換取金錢，也可以換取家庭的親情和快樂。不要說沒有時間。我們所有的時間都是為了人生的幸福，那麼就給家庭擠出些時間吧，因為有些東西是拿錢買不到的。

在我們這個世界，許多人都認為，家是一間房子或一個庭院。然而，一旦你或你的親人從那裡搬走，一旦那裡失去了溫馨和親情，你還認為那裡是家嗎？對名人來說，那裡也許已是故居；對一般的百姓來講，只能說曾在那裡住過，那裡已不再是家了。

家是什麼？一九八三年，發生在盧安達的一個真實的故事，也許能給家做一個貼切的註解。

盧安達內戰期間，有一個叫熱拉爾的人，三十七歲。他的一家有四十口人，父親、兄弟、姐妹、妻兒幾乎全部離散喪生。最後，絕望的熱拉爾打聽到五歲的小女兒還活著，他輾轉數地，冒著生命危險找到了自己的親生骨肉，在悲喜交集中，他將女兒緊緊摟在懷裡，第一句話就是：「我又有家了。」

在這個世界上，家是一個充滿親情的地方，它可以在竹籬茅舍，可以在高屋華堂，甚至可以在居無定所的人群中。沒有親情的人和被愛遺忘的人，才是真正沒有家的人。

因此，當咖啡廳裡播放薩克斯獨奏〈回家〉時，我的朋友終於淚流滿面。他說他已經不想回到他那座裝修豪華的大HOUSE中。從他的家庭的悲歡離散裡，顯示的不正是「家」在現代生活環境下的變形與可憐，以及我們需要為之努力的方向與付出的代價嗎？

現代人的生存壓力越來越大，並且大多數家庭的經濟壓力都在男人身上。因此，男人在外面打拚，實在是勞心勞力。這些在外打拚的事業型男人，常以為努力提供家人以更優越的物質享受是自己應盡的、唯一的義務，他們會忽視家庭成員的精神需求。殊不知人是感情動物，精神上的需求是金錢所不能代替的。其實，在特殊的日子裡買束花給妻子，在兒童節帶孩子去趟動物園，並不會花去你多少精力。你若能將愛表達得感性一點，相信你會因此擁有一個更加和美的家庭！

最好的東西在你家裡

美國某個雜誌曾在徵答欄中刊登過這麼一個題目：假如讓你重新選擇職業，你將做什麼？一位軍界要人回答，去鄉間開一個雜貨舖；一位女部長回答，到哥斯大黎加的海濱經營一家小旅館；一位市長的願望是改行當記者；一位勞動部長的回答是想做一家飲料公司的經理。兩位商人的回答最離奇，一位想變成女人，一位想成為一條狗。更有甚者，想退出人的世界，化成植物。其間也有一般百姓的回答，想做總統的，想做外交官的，想做麵包師的，應有盡有。但是，很少有人想做現在的自己。

人有時非常矛盾，本來活得好好的，各方面的環境都不錯，然而當事者卻常常心存厭倦。對人類這種因生命的平淡和缺少激情而苦惱的心態，有時是不能用不知足來解釋的。

我去外地旅遊時，對住在那裡的一位筆友羨慕不已，因為那裡有寧靜的小巷，古樸的青石板路，有青山，有綠水，還有清新的空氣。然而，筆友卻不認為他生活的地方有多麼舒適，反倒羨慕著我在大城市裡的多姿多彩。

也許真的是熟悉的地方沒有風景。我的筆友對古鎮太熟悉了，花草樹木，清風明月，在他們漫長的日子裡，已經不再有風景的含義，而是成為習以為常的東西。雜誌上的那些部長、商人以及平民百姓，之所以不願做現在的自己，與住在古鎮裡的我那個朋友一樣，是對長期擁有的那片風景已經習以為常，風景已不再成為風景了。就像我，對於所居住的城市不是也習以為常、倍感無趣？

在人生的旅途中，最糟糕的境遇往往不是貧窮，不是厄運，而是精神和心境處於一種沒有知覺的疲倦狀態。感動過你的一切不能再感動你，吸引過你的一切不能再吸引你，甚至激怒過你的一切也不能再激怒你。這時候，人就需要為自己單調的生活「跳一次槽」，找尋另一片風景。

工作和生活中，我們追求知識，掙脫舊我，純潔精神，淨化靈魂，昇華自己。其實，深究其根源，也是因為熟悉的地方已沒有風景了。

最好的東西在你家裡

有一個青年得了一種怪病：他不快樂，終日悶悶不樂。一天，他去拜見一位智者以討求良方。智者說，只有世界上你認為最好的東西才能使你快樂。這個人看了看身邊，他沒有發現自己認為世界上最好的東西，於是他決定去尋找世界上最好的東西。

他收拾行裝辭別妻兒老小，踏上漫漫旅途。

一天，他遇見了一位政客，他問：「先生，您知道世界上最好的東西是什麼嗎？」政客官腔十足地回答說：「那還用問，世界上最好的東西當然是至高無上的權力。」他想了想，覺得權力對自己並沒有多大的誘惑力，於是他又去尋找。

第二天，他遇到了一個乞丐，他問：「你知道世界上最好的東西是什麼嗎？」乞丐瞇著眼睛懶洋洋地說：「最好的東西？應該是色香味俱全的美味佳餚呀。」他想了想，自己對食物並沒有太多的渴望，所以也不認為那是世界上最好的東西。

第三天，他遇見了一位女人，他問：「你知道世界上最好的東西是什麼嗎？」女人興高采烈地脫口而出：「當然是高級而漂亮的時裝了！」他覺得自己對時裝也不感興趣。

第四天，他遇見了一位患重病的人，他問：「你知道世界上最好的東西是什麼嗎？」病人病懨懨地說：「那還用問嗎，肯定是健康的身體。」這個人想，健康怎麼會是最好的東西呢？我每天都擁有，但是我不認為它就是世界上最好的東西。

第五天，他遇見了一個在陽光下玩耍的兒童，他問：「你知道世界上最美好的東西是什麼嗎？」兒童天真地回答說：「是好多好多的玩具啊。」這個人搖了搖頭，繼續去尋找世界上最好的東西。

接著，他又先後遇到了一個老婦人、一個商人、一個囚犯、一個母親和一個年輕的小夥子。

老婦人說：「年輕是世界上最好的東西。」

商人說：「利潤是世界上最好的東西。」

囚犯說：「自由自在是世界上最好的東西。」

母親說：「我的寶貝孩子是世界上最好的東西。」

年輕人說：「我愛過一個女孩，她臉上燦爛的笑容是世界上最好的東西。」

沒有一個回答能令他滿意。

他繼續走啊走啊，他穿過川流不息、熙熙攘攘的人群，帶著五花八門的答案又回到了智者那裡。

智者見他回來了，似乎知道了他的遭遇和失望，於是捋著花白的鬍子說：「先不要去追究你的問題，因為永遠不會有一個確切的、而且唯一的答案。你現在考慮這樣一個問題——把你現在最喜歡的東西和情景找出來，告訴我。」

這個人經過長途跋涉，已是饑寒交迫、蓬頭垢面。他想了一下，對智者說：「我出門很多天了，我想念我親愛的妻子和可愛的孩子，想念一家人冬夜裡圍著火爐談笑聊天的情景……」說到這裡，他不由得感嘆，「那就是我現在最喜歡的啊！」

智者拍了拍他的肩膀，說：「回去吧，你最好的東西就在你的家裡，他們可以使你快樂起來。」

這個人不甘心，疑惑地問：「可我就是從那裡走出來的啊！」

智者笑了，說：「你出來之前，不知道自己喜歡什麼樣的東西；你出來之後，比如現在，你已經知道了自己喜歡什麼樣的東西了。」

是啊，在這個世界上，最好的東西就是我們最喜歡的東西。不管是你擁有的，還是未曾擁有的，不管它是繁雜的，還是簡單的，也不管它多麼便宜，多麼金貴，多麼實在，多麼虛無。只要是你最喜歡的，那就是世界上最好的。

扮演好丈夫的角色

我們常常在林蔭道上看到對對情侶如膠似漆，含情脈脈。但也看到有些夫妻結婚沒多久就勢如水火，分道揚鑣，甚至惡語相向、大打出手。許多人被離婚糾紛弄得焦頭爛額，痛苦不堪。

三十歲的已婚男人，如何在家庭中扮演好丈夫的角色？這個問題真值得新時代的男人們仔細思考。

■有較強的事業心和責任心

在女人眼裡，好男人不僅僅是外表像男人，而且內心也要像男人。也就是說，好男人不光要長得夠「男人」，還要有較強的責任心和事業心。恩格斯說過，有所作為是人生的最高境界。什麼是責任心？責任心就是自覺地把自己應該承擔的責任勇敢地、不推託地承擔起來。責任有大有小，有對社會的責任，也有對家庭的責任。

如今，女人對丈夫是否事業有成，看得越來越重。對於女人來說，她們往往更看重後一種責任。她們認為，丈夫當不當大官，並不重要，而丈夫顧不顧這個家，卻是現實問題。

有的男人，發了薪資或做生意賺了錢，只顧在外享樂，跳舞、喝酒、賭博，天天晚上不回家，對家務不管，對孩子的學習不問。這樣的男人，女人就不滿意。

相關調查顯示，現在離婚案例中由女方提出離婚的超過七成。這個數據應該引起男人的警惕。

當然，有責任心並不是說讓男人不要事業，一天到晚圍著女人轉。實際上，家庭的責任與社會的責任並不對立，兩者可以相互促進並兼而顧之。男人如果不搞好自己的事業，家庭將失去重要經濟來源，這本身就是對家庭最大的不負責任。男人在外，因為工作有些應酬是必要的。但一定要把妻子、孩子安排好，恰當地處理好事業與家庭之間的關係。

■ 成熟、穩重有主見

許多女孩喜歡找比自己年齡大的男人做丈夫，這是因為多數女孩對世事不甚明瞭，對許多事情總有些膽怯、信心不足。她們不願找同齡人的原因，是覺得對方不成熟，不能幫助自己提高。

「讓我和他一起摸著石頭過河，我沒有安全感。」一位女大學生這樣評論自己和原來男友的關係。

有位女演員在回答記者關於「你喜歡什麼樣的男人」時說：「讓我有安全感吧。我不覺得非得找一個特別帥的男孩子做男朋友。因為我以前是學跳舞的，帥男孩見過很多，但我覺得他們蒼白，沒有內容。因為我年齡小吧，我覺得他應該在你不懂的事情或者不明白的道理上幫助你，提高你。我的閱歷很少，生活經歷也很簡單，可能不會找同齡的人。」

作為一個男子漢，一方面要尊重女性，一方面應該穩重、成熟、有主見，讓女人跟你在一起時感到安心、安穩，使她們在心理上有可靠、可以信賴的感覺。一個淺薄、粗鄙的男人怎麼能讓一個有知識的女孩喜歡？如果一個男人自己無能、軟弱，又怎麼能幫助女孩提高？

如果你的女友比較幼稚，獨立性較差（這是大多數女孩子的弱點，也是其可愛之處），你就要像照顧孩子一樣呵護她、幫助她。比如，當她碰到一些複雜的情況，一時沒了主意，徵求你的意見時，你若是說：「我也沒辦法，你自己解決吧」，或者說：「隨你怎麼樣，我沒意見。」她就會十分失望。在她看來，這是不負責任的推託之辭。也許，她會覺得你沒有主見，甚至覺得你無能。這時你應該設身處地為她著想，為她考慮，負責任地提出你的意見，但不要強加於她。

如果她的某些行為不妥，你也應該委婉地向她指出，而不應視而不見，聽之任之，否則她過後也會埋怨你的。但應該注意點到為止，不可多說。

對於某些女孩，你不僅要做她的男朋友、丈夫，還要準備做她的兄長。

■ 寬容大度而又果斷堅強

女人理想中的男人是這樣的：如果一個男人跟女友或妻子發生了爭執，第二天，她心裡雖然想和好，但嘴上卻不說，這時候，男人應該不計前嫌，買一包她喜歡吃的食品（女人大都喜歡吃零食），主動去找她，像什麼事也沒發生過一樣，高高興興地喊：「親愛的，看我給你帶來了什麼！」

這時，她一定會芳心大悅，內心想：「嗯，這人還不錯，是重視我的！」

不過，男人們也要記住：只能在「某些事情」上讓著她。假如處處讓著她，讓她事事做主，男人將會自嘗惡果。

在男女相處中，愛得過了頭與愛得不夠，同樣不可取。不論是男人還是女人，都不可以過於「寵」對方。要知道過分的愛，也是會害了對方的。

男人對女人要關心、體貼，但不可以因此失去男兒本色。關鍵時刻，男人要有主見，要堅毅、果敢，而不是優柔寡斷、拖泥帶水。

電子書購買

國家圖書館出版品預行編目資料

男人，30 歲後的規則你懂了沒：不是 20 歲毛頭小子，也不是 40 歲年上大叔，30 歲就該用 30 歲的眼光看世界！ / 林庭峰，肖勝平編著 . -- 第一版 . -- 臺北市：崧燁文化事業有限公司，2023.01

面；　公分

POD 版

ISBN 978-626-357-003-0(平裝)

1.CST: 成功法 2.CST: 自我實現 3.CST: 男性

177.2　　111020371

男人，30 歲後的規則你懂了沒：不是 20 歲毛頭小子，也不是 40 歲年上大叔，30 歲就該用 30 歲的眼光看世界！

臉書

編　　著：林庭峰，肖勝平

發 行 人：黃振庭

出 版 者：崧燁文化事業有限公司

發 行 者：崧燁文化事業有限公司

E-mail：sonbookservice@gmail.com

粉 絲 頁：https://www.facebook.com/sonbookss/

網　　址：https://sonbook.net/

地　　址：台北市中正區重慶南路一段六十一號八樓 815 室

Rm. 815, 8F., No.61, Sec. 1, Chongqing S. Rd., Zhongzheng Dist., Taipei City 100, Taiwan

電　　話：(02) 2370-3310　　傳　　真：(02) 2388-1990

印　　刷：京峯彩色印刷有限公司（京峰數位）

律師顧問：廣華律師事務所 張珮琦律師

定　　價：375 元

發行日期：2023 年 01 月第一版

◎本書以 POD 印製